MARCO POLO

Reisen mit
Insider Tipps

POLEN

MARCO POLO Koautorin
Izabella Gawin

Izabella Gawin promovierte an der Universität Bremen in Kulturwissenschaften. Als freie Reise-Publizistin und Autorin veröffentlichte sie inzwischen mehr als ein Dutzend Bücher – bevorzugt über ihr Geburtsland Polen. Dort ist sie gern in den Großstädten unterwegs, zum Ausgleich aber auch in einsamer Natur, am liebsten in den urwüchsigen Waldkarpaten.

www.marcopolo.de/polen

← UMSCHLAG VORN:
DIE WICHTIGSTEN HIGHLIGHTS

Die besten Insider-Tipps → S. 4

Best of ... → S. 6

Ostseeküste/Masuren → S. 32

Rund um Posen → S. 48

SYMBOLE

INSIDER TIPP Insider-Tipp

★ Highlight

●●●● Best of ...

Schöne Aussicht

Grün & fair: für ökologische oder faire Aspekte

(*) kostenpflichtige Telefonnummer

PREISKATEGORIEN HOTELS

€€€ über 100 Euro

€€ 70–100 Euro

€ bis 70 Euro

Die Preise gelten pro Nacht für ein Doppelzimmer mit Frühstück in der Saison

PREISKATEGORIEN RESTAURANTS

€€€ über 25 Euro

€€ 15–25 Euro

€ bis 15 Euro

Die Preise gelten für ein Essen mit Vor-, Haupt- und Nachspeise, aber ohne Getränke

Titelthemen: Schlösser und Holzkirchen, Wölfe und Bären S. 107 | Prachtvolle Boomtown: Krakau S. 87

INHALT

Rund um Warschau → S. 58

Ausflüge & Touren → S. 102

Sport & Aktivitäten → S. 108

Reiseatlas → S. 132

GUT ZU WISSEN
Geschichtstabelle → S. 12
Spezialitäten → S. 26
Bücher & Filme → S. 73
Was kostet wie viel? → S. 121
Währungsrechner → S. 123
Wetter in Warschau → S. 124
Aussprache des Polnischen
→ S. 126

KARTEN IM BAND
(134 A1) Seitenzahlen
und Koordinaten verweisen
auf den Reiseatlas
(0) Ort/Adresse liegt außerhalb des Kartenausschnitts
Es sind auch die Objekte mit
Koordinaten versehen, die
nicht im Reiseatlas stehen
(U A1) Koordinaten für die
Karte von Warschau im hinteren Umschlag
(91 A1) Koordinaten für die
Karte von Krakau (→ S. 91)

UMSCHLAG HINTEN:
FALTKARTE ZUM
HERAUSNEHMEN →

FALTKARTE 🗺
(🗺 A–B 2–3) verweist auf
die herausnehmbare
Faltkarte
(🗺 a–b 2–3) verweist auf
die Zusatzkarten auf der
Faltkarte

Die besten MARCO POLO Insider-Tipps

Von allen Insider-Tipps finden Sie hier die 15 besten

INSIDER TIPP ▶ Kunst und Café

Das *Dworek Sierakowski* ist eine verborgene Ruheoase im quirligen Sopot (Zoppot); vom sommerlichen Open-Air-Gartenkino bis zu Poesie-Abenden und Konzerten gibt es viele kulturelle Happenings → **S. 41**

INSIDER TIPP ▶ Historischer Gasthof

Erinnerungen an eine große Publizistin im Salon Marion Dönhoff im masurischen *Gałkowo* → **S. 43**

INSIDER TIPP ▶ Gutes Gewissen

Sofas aus Badewannen, Stühle aus Pappkartons und aus Einkaufswagen: Während die Einrichtung im Warschauer *Klubokawiarnia Resort* komplett recycled ist, herrscht beim Essen absolutes Frischegebot → **S. 68**

INSIDER TIPP ▶ Ruhe und Besinnung

Das *Lapidarium* im Kurort Kamień Pomorski (Cammin) besitzt ein bezauberndes gotisches Atrium – einst ein Ort der Meditation für Mönche → **S. 47**

INSIDER TIPP ▶ Urwüchsige Natur

Kaum berührte Wälder und Seen im ehemals geschlossenen Terrain für Parteifunktionäre in *Łańsk* am Südrand von Masuren → **S. 44**

INSIDER TIPP ▶ Grüße vom großen Gatsby

In Warschaus kleinem, persönlich geführtem Hotel *Rialto* werden die goldenen 1920er-Jahre zum Leben erweckt → **S. 69**

INSIDER TIPP ▶ Aula zum Schwelgen

Schauen statt studieren: Die Breslauer Universitätsaula *Leopoldina* ist von der Decke bis zum Boden mit geschwungenen Formen in warmen Farben ausgemalt! (Foto o.) → **S. 84**

INSIDER TIPP ▶ Spa und Action

Erst ein starkes Mineralwässerchen, dann eine abenteuerliche Floßfahrt: Vom rundum erneuerten Kurort Szczawnica starten Sie zum Trip durch den *Dunajec-Canyon* im Pieniny-Nationalpark → **S. 95**

INSIDER TIPP ▸ Luxus in der Fabrik

Das Aushängeschild des neuen Łódź ist *Andel's* in der *Manufaktura:* Backstein trifft auf zeitgenössische Kunst, der Wasserspeicher wurde zum Dachpool – Hotelfeeling der anderen Art (Foto u.) → **S. 71**

INSIDER TIPP ▸ Pierogi satt

Im *Pierogarnia* in Warschau kann man sich durch zwei Dutzend Maultaschensorten schlemmen; auch Einheimische kehren gern in die Piroggenstube nahe der Altstadt ein → **S. 67**

INSIDER TIPP ▸ Wilde Löcher

Ein einzigartiges Naturreservat mit eigentümlichen Steinformationen ist *Błędne Skały* im Glatzer Bergland → **S. 79**

INSIDER TIPP ▸ Gräberarchitektur

Der *jüdische Friedhof* von Breslau ist einer der schönsten Europas. Heute steht er als „Museum der Grabmalkunst" unter Denkmalschutz → **S. 83**

INSIDER TIPP ▸ Spielberg sei Dank

In Krakau steht die *Fabrik,* in der Oskar Schindler im Dritten Reich viele Juden beschäftigt und so vor dem sicheren Tod gerettet hat. Dank Steven Spielbergs Hollywood-Filmklassiker „Schindlers Liste" wurde seine Geschichte schließlich weltbekannt → **S. 89**

INSIDER TIPP ▸ Relaxen in der Villa

Die *Villa Vital* liegt am Fuß bewaldeter Berge, umgeben von verspielten Villen. Für gute Stimmung sorgt nicht nur das schöne Ambiente, sondern auch die gesunde Thaiküche. Die Halbpension können Sie in Mittag- und Abendessen „splitten" → **S. 82**

INSIDER TIPP ▸ Crossover

Im abgelegenen *Łańcut* findet jedes Jahr im Mai eines der interessantesten Musikfestivals des Landes statt: Im Ballsaal eines feudalen Magnatenschlosses aus dem 17. Jh. erklingt Kammer- und Sphärenmusik → **S. 97**

BEST OF ...

TOLLE ORTE ZUM NULLTARIF
Neues entdecken und den Geldbeutel schonen

● **Feste feiern**

Im Sommer jagt ein Festival das nächste; fast alle sind open air und gratis: eine bunte Palette unterschiedlichster Veranstaltungen. Besonders schön: der *Danziger Dominikanermarkt* und das große Musikfinale des *Jüdischen Festivals* im Krakauer Viertel Kazimierz → **S. 116, 117**

● **Polens Kirchen**

In kaum einem anderen europäischen Land gibt es mehr Kirchen. Oft sind sie architektonische Meisterwerke und bergen große Kunstschätze. Von der Frühmesse bis zur Abendandacht sind sie geöffnet, ein „offenes Haus" für alle Generationen und Schichten. Spektakulär ist z.B. die *Kathedrale (Marienkirche)* von Danzig → **S. 35**

● **Idyll in der Großstadt**

Im Warschauer *Łazienki-Park* fühlen Sie sich wie auf dem Land. Lust und Laune machen Spaziergänge auf verschlungenen Wegen, vorbei an Teichen und Wasserläufen. An sommerlichen Sonntagen gibt's gratis dazu Klassikkonzerte – zu Füßen des Chopin-Monuments → **S. 63**

● **Neues in der alten Brauerei**

Ein Einkaufszentrum als Nulltariftipp? Ja, denn *Stary Browar* taugt nicht nur zum Shoppen, sondern ist zugleich Posens größte frei zugängliche Kunstgalerie mit Riesenskulpturen, flimmernden Pixelbildern und Manga-Comics im Großformat (Foto) → **S. 53**

● **Sopots Wässerchen**

Dass Polens mondänstes Ostseebad zugleich ein Kurort ist, schmecken Sie am Trinkbrunnen. Genießen Sie das Gratisglas mit Blick auf die Küste in Sopots Touristeninfo! → **S. 41**

● **Orgeltöne**

Die Wallfahrtskirche *Heiligelinde (Święta Lipka)* ist eine Augenweide – und ein Ohrenschmaus auch. Mehrmals täglich erklingen kleine Gratiskonzerte auf der mächtigen Orgel, bei der die Register gezogen werden, bis die Wände wackeln → **S. 44**

● Tatra-Stil

Häuser, gezimmert aus dicken Bohlen, bedeckt mit spitzgiebeligen Schindeldächern und geschmückt mit Holzornamenten: Die Bergbewohner von Zakopane bewahren Polens originellsten Baustil (Foto) → S. 95

● Starkes „Wässerchen"

Harmlos klingt der Name, stark ist die Wirkung: Hochprozentiger Wodka (wörtlich „Wässerchen") wird gern zwischen den Gängen und nach dem Mahl zur besseren Verdauung gekippt. Es gibt ihn klar und mit Kräutern gewürzt, am besten schmeckt er eiskalt → S. 29

● Plakatkunst

Polnische Grafik hat eine ganz eigene, poetische Bildsprache; seit Jahrzehnten steht sie hoch im Kurs. Eine hervorragende Schau bietet das *Warschauer Plakatmuseum,* das in den 1960er-Jahren als erstes der Welt öffnete → S. 65

● Mazurka & Polonaise

Frédéric (Fryderyk) Chopin, Polens bekanntester Komponist, griff gern auf diese beschwingten Volksweisen zurück und baute sie in seine Kompositionen ein. In ihrer ursprünglichen Form erklingen sie noch heute bei Volksfesten, in verfeinerter Version bei Klassikkonzerten, z.B. in Chopins Geburtsort *Żelazowa Wola* → S. 73

● Milchbar ohne Milch

Aus sozialistischer Zeit in die kapitalistische Gegenwart hinübergerettet, sind die staatlich subventionierten Kantinen heute Kult. Hier – z.B. in den Bars *Barbakanem* und *Uniwersytecki Karaluch* in Warschau – können Sie polnische Hausmannskost superpreiswert probieren – von Borschtsch bis Piroggen. Nur Milch ist Mangelware … → S. 24, 64

● Lebendige Geschichte

Wohl kaum eine andere Nation pflegt Erinnerungen so intensiv wie Polen. Damit die bäuerliche Welt von anno dazumal nicht dem Vergessen anheimfällt, wurde in jeder Region ein typisches Dorf als Freilichtmuseum restauriert. Geschichtsmuseen haben Hochkonjunktur, allein in Warschau gibt es mehr als ein halbes Dutzend; am eindrucksvollsten ist das *Museum der Geschichte der polnischen Juden* → S. 64

TYPISCH

BEST OF ...

SCHÖN, AUCH WENN ES REGNET
Aktivitäten, die Laune machen

● *Schätze schauen*

Sie sind Fundgruben der Kunst und werden gehegt und gepflegt: Zu den besten *Nationalmuseen* des Landes gehört – neben denen von Breslau, Posen und Krakau – das von Danzig → S. 36

● *Alles unter einem Dach*

Nach der Wende schossen in den Großstädten Einkaufszentren wie Pilze aus dem Boden. Bistros, Boutiquen, Supermärkte, Schlemmertempel, Kinos und Klubs können Sie abklappern, ohne einen Fuß auf die Straße setzen zu müssen. Ein Beispiel: die *Złote Tarasy* in Warschau → S. 67

● *Es regnet? Dann rein ins Wasser!*

Aktiv sein, wenn es regnet? Kein Problem, wenn Sie in überdachte Wasserlandschaften eintauchen. Wasserrutschen und Whirlpools, Wellen und Saunawelten erwarten Sie in den *Aquaparks* z.B. von Kudowa und Krakau (Foto) → S. 115

● *Unterhaltsame Wissenschaft am Weichselufer*

350 Experimentierstationen, Roboter, Foucaultsche Pendel und fliegende Teppiche, ein Planetarium: Im Warschauer *Copernicus Science Center* können Sie Stunden verbringen, ohne sich zu langweilen! → S. 61

● *Kaffeehauskultur*

Die Cafés im Süden des Landes, wie z.B. das *Camelot* in Krakau, stehen in habsburgischer Tradition. Man betrachtet sie als erweitertes Wohnzimmer, liest die Zeitung oder ein Buch, wärmt sich auf oder träumt. Der Zwang zum schnellen Verzehr ist meist unbekannt → S. 91

● *Warschaus Kulturpalast*

Ein Gebäude, 3000 Räume und alle voller Pracht, mehrere Museen, Kinos, Theater und ein olympisches Schwimmbad laden dazu ein, erforscht zu werden → S. 63

ENTSPANNT ZURÜCKLEHNEN
Durchatmen, genießen und verwöhnen lassen

● **Im Strandkorb**
Mieten Sie sich einen Strandkorb, der vor Wind und fremden Blicken schützt, stecken Sie die Füße in den puderweichen Sand und lesen Sie ein gutes Buch! Wo? Am Strand von *Świnoujście*! → **S. 47**

● **Gestakt werden**
Sie sitzen bequem im Floß, lassen die schroffen Gipfel der Pieninen an sich vorbeiziehen und schauen entspannt zu, wie ein *Górale* Sie sicher durch die bewegten Wasser des *Dunajec* manövriert → **S. 94**

● **In Arkadien**
Nicht zufällig trägt der Park vor Warschaus Toren den Namen *Arkadia.* Romantische Haine, efeuumrankte Tempelruinen und eine Liebes-insel waren für die kleinen Fluchten des polnischen Adels arrangiert. Machen Sie es ihm nach und kehren Sie dem Treiben der Hauptstadt den Rücken! → **S. 72**

● **Rundum-Wellness**
Eine gut gefüllte Strandtasche im Zimmer, fantasievoll gestylte Ther-malbäder und obendrein die schönste Wellnessetage der polnischen Ostseeküste. Die Architektur des *Mera Spa* in Sopot sorgt mit viel Holz und Naturstein ebenso für Entspannung wie die Lage am Strand – das Flaggschiff der Ikea-Foundation setzt neue Maßstäbe → **S. 41**

● **Rikscha lauf!**
Die Flanierstraße von Łódź, die *ul. Piotrkowska,* ist 4 km lang. Was gibt's da Besseres, als in eine Rikscha zu steigen und im Schritttempo die Paläste und Skulpturen (Foto, Artur Rubinstein) an sich vorbei-ziehen zu lassen? → **S. 71**

● **Muße auf dem Wasser**
Auf dem *Ober-ländischen Kanal* sind Sie zum Nichtstun verdonnert. Wäh-rend das Schiff durch eine idyllische Wald- und Wie-senlandschaft tuckert und sogar über Berge gezogen wird, haben Sie nichts an-deres zu tun, als sich in der Entdeckung der Langsam-keit zu üben → **S. 43**

ENTSPANNT

AUFTAKT

ENTDECKEN SIE POLEN!

Wenn der Zug über die Oderbrücke in Richtung Osten rattert, vorbei an prächtigen Wiesen ohne Zäune und asphaltierte Zufahrten, vorbei an Wäldern, in denen die Bäume nicht in Reih und Glied stehen, und wenn die schöne, wilde Flusslandschaft der Oder mit ihren verschlungenen Nebenarmen und Sümpfen kein Ende zu nehmen scheint, dann ahnt man es schon: Man ist in einem weiten, zum Teil noch ungezähmten Land.

Und in der Tat, Polen ist groß. Mit fast 313 000 km² ist es fast so groß wie Deutschland, und mit 38,5 Mio. Einwohnern, das sind 123 pro Quadratkilometer, relativ dünn besiedelt. Dabei gibt es auffallende regionale Unterschiede: Ganze Landstriche scheinen unberührt und menschenleer zu sein, wie zum Beispiel in Masuren. In den industriellen Ballungszentren und Großstädten dagegen leben bis zu 500 Menschen auf einem Quadratkilometer. Unterschiedlich prägt auch die Natur die Lebensumstände der Polen. Das Land bietet eine große Vielfalt an Landschaften: im Norden die Küste mit traumhaften Ostseestränden, daran anschließend die unzähligen Seen und

Bild: Marienburg (Malbork) an der Nogat

die reichen Wälder der Kaschubischen Schweiz und Masurens, noch weiter südlich folgen die Tiefebenen Großpolens und Masowiens und schließlich – an der südlichen Grenze – der Berggürtel der Sudeten und Karpaten.

Nicht erst seit jährlich etwa 16 Mio. Touristen Polen besuchen, um die weitgehend intakte Natur und die einzigartigen Naturreservate zu bestaunen, ist den Polen bewusst, dass dieses Kapital

Herrliche Naturlandschaften – zum Teil fast unberührt

schützenswert ist. Ein Netz von Reservaten, Landschaftsschutzgebieten und Nationalparks überzieht das ganze Land. Insgesamt soll künftig ein Fünftel des Staatsgebietes unter Naturschutz stehen, das ist doppelt so viel wie in Deutschland. Der Umweltschutz hat stark durch die von der EU zur Verfügung gestellten Mittel profitiert, mit denen vielerorts Kläranlagen, Recyclingsysteme und Elektrofilter angeschafft wurden.

Polen ist ein Land im Aufbruch. Viele Besucher sind von dem greifbaren Aufschwung des modernen Polen überrascht und fasziniert. Überall wird gebaut. In den Vorstädten prägen große Fabriken und viele mittlere und kleinere Betriebe das Bild. Im Speckgürtel der Städte bauen die Gewinner des Wirtschaftswachstums ihre Villen. Typisch ist der zum Teil geschmacklich noch unsichere Baustil mit unzähligen Türmchen, Bögen und kauernden Gipslöwen hinter wehrhaften Umzäunungen. In parkähnlichen Landschaften entstehen neue Wohngebiete, die mit einer guten Infrastruktur

Flussidyll in Masuren: Boote am Ufer der Krutinna (Krutynia)

ausgestattet sind. In den Stadtzentren machen Prestigeobjekte mit moderner Architektur aus Stahl und Glas einander Konkurrenz.

Lebendige Metropolen im Aufwind

Die großen Städte sind voller Leben: Ungezählte Cafés und Kneipen säumen die Fußgängerzonen. Geschäfte mit wohlbekannten internationalen Marken wetteifern mit einheimischen Mode- und Designgeschäften um die Gunst der Kunden. Infotafeln mit Werbung für Sprachschulen, Verwaltungs- und Wirtschaftskurse pflastern die Fassaden. Die Zeitungen sind voll mit Inseraten von Internet- und Baufirmen sowie anderen Dienstleistungsunternehmen. Auf den Straßen sind viele junge Menschen zu sehen – Polen ist jung, ein Drittel der Einwohner Warschaus zum Beispiel ist jünger als 24 Jahre.

1772–1895
Preußen, Österreich und Russland teilen Polen untereinander auf

1918
Nach dem Ende des Ersten Weltkriegs entsteht ein souveräner polnischer Staat

1939–45
Polen wird von deutschen und (zeitweise) sowjet. Truppen besetzt. 6 Mio. Polen verlieren ihr Leben

1945
Nach dem Zweiten Weltkrieg wird Polen nach Westen verschoben, Gebietsverluste im Osten werden durch Gewinne im Westen kompensiert; Schlesien, Hinterpommern und Teile Ostpreußens werden polnisch

Auch der Wiederaufbau der historischen Sehenswürdigkeiten, ja, ganzer Städte aus den Nachkriegsruinen übertrifft so manche Erwartung. Wunderschön und liebevoll restauriert verzaubern sie mit einer unvergleichlichen Atmosphäre. Dass ein nicht gerade mit Reichtum gesegnetes Land wie Polen so viele Mittel für diese Dinge bereitstellt, liegt an dem besonderen Stellenwert, den die Kultur in Polen einnimmt. Fremdherrschaft und Unterdrückung haben gezeigt, wie unverzichtbar diese materiellen und immateriellen Geschichtszeugen für die Bewahrung der nationalen Identität des polnischen Volkes sind.

Baudenkmäler und restaurierte Altstädte: Die Geschichte lebt

Im Alltag ist die Geschichte präsent, aber was die Menschen vor allem interessiert, ist das Hier und Jetzt – und eine Perspektive für morgen. Umfragen zufolge wünschen sich junge Polen „ein ganz normales Land", ohne den ständigen Blick auf die Helden, Kämpfer und Märtyrer früherer Generationen. Die meisten kennen den Real Existierenden Sozialismus und seine Auflösung, den „polnischen Papst" sowie die Gewerkschaft Solidarność nur noch vom Hörensagen. Was sie heute erleben, ist ein gespaltenes Land. Auf der einen Seite stehen die Patrioten von Kaczyńskis Partei „Recht und Gerechtigkeit", die „westlicher Dekadenz" den Kampf ansagen. Homosexuellen-Ehe, Abtreibung und weibliche Priester sind ihnen ebenso ein Gräuel wie Multikulturalismus und „Konsumterror". Ihr Ideal ist das eines rein polnischen, katholischen Staates, in dem der Papst den Ton angibt, das Vierte Gebot gilt („Du sollst Vater und Mutter ehren") und Polens historische Opferrolle nicht hinterfragt wird. Auf der anderen Seite stehen die Modernisierer, meist aufgeklärt-liberale Städter, die sich vielfach in der Palikot-Bewegung aufgehoben fühlen. Diese Partei räumte aus dem Stand überraschend viele Stimmen ab. Ihre Anhänger wollen es nicht hinnehmen, dass die katholische Kirche bis in ihr Intimleben hineinregiert. Doch auch dem Brüsseler Diktat wollen sie sich nicht unterwerfen, sondern haben eigene Vorstellung von sozialer und wirtschaftlicher Sicherheit sowie von Meinungsfreiheit.

Trotz des beschleunigten Lebensrhythmus und der neuartigen Sorgen – Polens legendäre Gastfreundschaft ist geblieben. Viele Touristen sind von der Warmherzigkeit und Spontaneität ihrer Gastgeber eingenommen. Dazu kommen die vielfältigen Frei-

1980/81 Gründung der Gewerkschaft Solidarność; Ausrufung des Kriegsrechts durch General Wojciech Jaruzelski

1989/90 Die Macht der Kommunistischen Partei schwindet; Arbeiterführer Lech Wałęsa wird Staatspräsident

1999 und 2004 Polen wird NATO- und EU-Mitglied

2008–14 Dank guter Exporte und EU-Fördergelder kommt Polen relativ gut durch die Krise. Zusätzliche Impulse verschafft die 2012 in Polen ausgetragene Fußball-EM. Polens Premier Donald Tusk wird 2014 EU-Ratspräsident

Zeugen einer bewegten Geschichte finden sich überall, so die Burg Olsztyn bei Tschenstochau

zeitangebote des Landes: Reiten, Golf, Segeln, Skifahren oder Eissegeln. Gestresste Urlauber loben die Ruhe und Einfachheit des Landlebens, die wohltuenden Kuren und guten Wellnessanlagen. Naturfreaks schwärmen von Wölfen, Wisenten, See-adlern und Bibern in den urwüchsigen Nationalparks. Für junge Menschen ist das Szeneangebot der Großstädte attraktiv, Familien loben die Kinderfreundlichkeit der Polen, Kulturinteressierte sind begeistert vom Reichtum der alten und der Avantgarde der modernen Kultur.

So manches, was bei einem oberflächlichen Blick auf Polen als einfach nur chaotisch eingeordnet wird, ist bei näherer Betrachtung spannend. Spannend ist die Brücke zwischen Tradition und Moderne, das Hin und Her zwischen den noch vorhandenen Spuren der Rückständigkeit und dem Fortschritt im Eiltempo. Spannend ist auch die Energie, mit der das Land auf seinem Weg in die Zukunft mehrere Stufen auf einmal nimmt. Wenn Sie sich als Besucher von der einzigartigen Natur und den wunderschö-nen Kulturdenkmälern verzaubern und vom Entwicklungstempo Polens beeindrucken lassen, dann nehmen Sie auch ein bisschen vom Geist dieses Landes und von der Warmherzigkeit Ihrer Nachbarn mit nach Hause.

IM TREND

1 Wie anno dazumal

Shot & Snack In allen Städten entstehen nostalgische Bistrobars. Sie bieten rund um die Uhr einen Schuss Wodka für 1 Euro und für den doppelten Preis einen pikanten Happen: Wie wäre es mit mariniertem Hering oder Lachsröllchen, einem belegten Bagel oder einer Portion Beeftatar? Meist heißen die Bars *szynk* (Schänke), *przekąski* (Imbiss) oder *zakąski* (Häppchen). In der Hauptstadt ist *Warszawa de luxe* Kult *(ul. Krakowskie Przedmieście 79, www.barwarszawa.pl)*, in Krakau die „Heringsbotschaft" *(Ambasada Śledzia, ul. Stolarska 10).*

2 Ungekünstelt

Praga Bekannt für seine schrilles Nachtleben entwickelt sich Warschaus einstiges Arbeiterviertel Praga zum Hotspot. Hier gibt's alternative Kneipen wie das *W Oparach Absurdu (ul. Ząbkowska 6, www.oparyabsurdu.pl),* aber auch Adressen wie das hippe *Porto Praga (ul. Stefana Okrzei 23, www.portopraga.pl, Foto)* mit Zigarrenbar, Restaurant und Club. Da ist die Kunstszene natürlich nicht fern. Treffen Sie sie im Designstudio der Galerie *Nizio (ul. Inżynierska 3, www.nizio.com.pl).*

3 Frischer Wind

Hip-Hop Auch ohne Plattenvertrag setzen sich die Hip-Hopper des Landes durch. Mit moderner Technik produzieren sie sich einfach selbst. Die sogenannten „Illegal Alben" – die legal sind – mischen die Szene auf. Die bekannte Band *Jeden Osiem L* grenzt sich dabei stark vom Gangsterrap aus Übersee ab. Das Duo rappt nicht über Gewalt und Gettos, sondern über Alltagsthemen. Newcomer entdeckt man in Locations wie dem Warschauer *Harlem (ul. Kolejowa 8/10).* Konzertnews unter *www.hip-hop.com.pl.*

Perlen aus Stahl und Beton

Skyline Warschaus Skyline ist um eine Attraktion reicher. Stararchitekt Daniel Libeskind hat mit seinem 52-stöckigen Wohnturm *Złota 44 (www.zlota44tower.com, Foto)* einen weiteren Hingucker im Herzen der Stadt geschaffen. Aber nicht nur die Skyline besticht, auch der Untergrund. Wie z. B. in der der Metrostation Plac Wilsona mit ihrer wechselnden Beleuchtung. Auch außerhalb der Hauptstadt gibt es sehenswerte Architektur: in Danzig das *Museum des Zweiten Weltkriegs (www.muzeum1939.pl)* und das *Shakespeare-Theater (www.teatrszekspirowski.pl),* in Krakau das *Kongresszentrum* von Polens Toparchitekten Krzysztof Ingarden *(www.icekrakow.pl).* Spektakulär ist die kathedralenähnliche Stettiner *Philharmonie* von Barozzi Veiga; gegenüber entstand unterirdisch das *Zentrum des Dialogs.*

Schöner schlafen

Übernachten Hotelzimmer nach dem 08/15-Muster gehören langsam der Vergangenheit an. Polens Hoteliers lassen sich was einfallen! Wer sich eine Übernachtung im *Blow Up Hall (ul. Kościuszki 42, Poznań, www.blowuphall5050.com, Foto)* leistet, schläft in einem Kunstwerk. Monochrome Zimmer, geometrische Formen in der Bar, Kunst im Restaurant, technische Spielereien, Designermöbel – cool! Ein Schnäppchen sind dagegen die individuell gestalteten Apartments von *Red Kurka (ul. Gertrudy 5, Krakau, www.redkurka.com)* für bis zu sechs Personen. Auch in Łódź geht es hip zu. In einem alten Fabrikgebäude aus Backsteinen liegen 25 moderne Apartments *(Loft Aparts, ul. Tymienieckiego 25 c, www.loftaparts.com).*

STICHWORTE

BERNSTEIN

Von der Hohen Tatra bis zur Ostseeküste wird der hell- bis goldgelbe, klare oder trübe, selten der blaue *bursztyn* verkauft. Das größte Angebot findet man an der Küste, wo er hauptsächlich gefördert, gesammelt und verarbeitet wird. Der Stein, der eigentlich kein Stein ist, entstand vor 40–50 Mio. Jahren aus dem eingetrockneten Harz der Bernsteinkiefer. Die interessantesten Stücke schließen Spuren von Lebewesen ein, die vor zig Millionen Jahren in diesen Wäldern lebten; es sind die sogenannten Inklusen aus Tier- oder Pflanzenteilen. Nur jedes fünfhundertste Bernsteinstück beinhaltet solch einen Einschluss.

Die größten Vorkommen polnischen Bernsteins liegen etwa 10 km südwestlich von Ustka in Możdżanowo. Auch an der Verbindungsstelle zur Halbinsel Hela findet sich in 130 m Tiefe Bernstein. Die Vorräte Polens werden insgesamt auf noch 12 000 t geschätzt.

Da Polen in der Antike an der Bernsteinstraße lag, war der Börnsteen, der „brennende Stein" (so genannt, weil er bereits bei 350 Grad Celsius entflammt), dort schon immer ein wertvoller Rohstoff. Kaufleute erkannten schnell, dass man mit ihm viel Geld verdienen konnte, und stellten im Mittelalter seine Gewinnung und den Verkauf in Ost- und Westpreußen unter Hoheitsrecht. Das Sammeln und die Veräußerung von Bernstein auf eigene Rechnung konnte danach vom „Bernsteingericht" sogar mit dem Tod bestraft werden. Das Gesetz galt, in ab-

Bild: Stadtansicht Danzig

Zwischen Kirche und Computer: Wissenswertes über ein vielgestaltiges Land und eine Gesellschaft im Umbruch

gemilderter Form, noch bis 1945. Heute ist das Bernsteinsammeln ungefährlich: Man sieht an den Ostseestränden so manche gebückte Gestalt, die hoffnungsvoll nach dem Stein Ausschau hält, dem man heilende und auch magische Kräfte nachsagt.

FAMILIE

Die Familie spielt traditionell eine wichtige Rolle im Leben der Polen. Abgesehen von dem persönlichen Halt, den sie bietet, steht oft eine einfache Not-

wendigkeit dahinter: Noch heute sind viele Polen aus wirtschaftlichen Gründen gezwungen, mit mehreren Generationen unter einem Dach zu leben. Die (Groß-) Familie war – und ist es zu einem Teil immer noch – ein gut durchorganisierter Betrieb, in dem alle aufeinander angewiesen sind.

Dabei nehmen die Großeltern ihren meist in mehreren Jobs gleichzeitig arbeitenden Kindern den Haushalt und die Betreuung der Enkel ab. Im Gegenzug bietet die Familie ihnen die Unterstützung und Fürsorge, die der Staat nicht leisten kann. Dieses soziale Netz ist auch für diejenigen Familienmitglieder, die arbeitslos geworden sind, lebensnotwendig, denn weder von der Arbeitslosenhilfe noch von der Rente kann man in Polen wirklich überleben.

Mit dem wachsenden Wohlstand und der rasanten Entwicklung des Landes entfallen aber zunehmend einige der Aufgaben, die die Großfamilie bisher erfüllt hat. Besonders rasch ändern sich die überlieferten Familienstrukturen dort, wo junge Menschen aus der Provinz in der Großstadt Zugang zu Bildung gefunden und den sozialen Aufstieg geschafft haben. Der Preis dafür ist mitunter hoch – häufig verstehen dann die Eltern ihre Kinder nicht mehr, denen das Internet näher als der Sonntagsgottesdienst geworden ist.

FRAUEN

Der Inbegriff der traditionellen Aufgabe der Frau in der polnischen Gesellschaft ist die „Matka Polka" (Mutter Polin). Sie trug in der von zahlreichen Kriegen und Aufständen geprägten polnischen Geschichte die Verantwortung für Hof und Betrieb sowie für die Kindererziehung und damit für den Fortbestand der Familie und mittelbar der ganzen Nation. Noch heute heißt es verklärend, sie hätten zu Haus „die Hosen an". Ein Großteil der polnischen Frauen lebt nach dem konservativen, von der Kirche geförderten Rollenbild, meist mit der Doppelbelastung durch Haushalt und Beruf. Allerdings gibt es inzwischen in vielen jungen Ehen eine gleichberechtigte Arbeitsteilung in der Kindererziehung und im Haushalt.

Der wirtschaftliche Systemwandel traf Frauen besonders hart, denn sie waren die Ersten, die von Entlassungen betroffen waren. Doch viele haben sich mit einer besseren Ausbildung als die der Männer gerüstet, die Flucht nach vorn angetreten und sich selbstständig gemacht. Inzwischen gehört fast jede vierte kleine und mittlere Firma einer Frau. Die polnischen Powerfrauen haben sich auch in großen Firmen durchgekämpft: Jeder dritte Topmanager ist eine Frau – das ist in Europa beispiellos.

KIRCHE

Die Bedeutung der katholischen Kirche, die entscheidend zum Überleben der polnischen Nation als Kultur- und Sprachgemeinschaft beigetragen hat, ist kaum zu überschätzen. Erst nach der Wende zu einer demokratischen Entwicklung nahm ihre überragende politische Bedeutung ab. Trotzdem hat das Gleichnis „Pole gleich Katholik" angesichts von über 90 Prozent bekennender römisch-katholischer Polen nichts von seiner Gültigkeit eingebüßt. Und obwohl viele junge und gebildete Polen die Morallehre der Kirche zunehmend als unzeit-

Die Religion spielt eine wichtige Rolle: orthodoxe Pilger auf dem Weg zum heiligen Berg Grabarka

gemäßen Eingriff in ihr Privatleben empfinden, ist sie nach wie vor – besonders auf dem Land – die Institution, die den Moralkodex bestimmt. Sie bietet den Menschen, die zu den Verlierern der Wende zählen oder sich von den gesellschaftlichen Umbrüchen überrollt fühlen, ein geistiges Zuhause. Übervolle Kirchen zeugen nicht nur von tiefer Gläubigkeit, sondern auch vom Bedürfnis nach Halt und Orientierung. Eine besondere Rolle spielen dabei die tiefe Verehrung, die dem 2005 verstorbenen und 2014 heiliggesprochenen Papst Johannes Paul II. entgegengebracht wird, und der beinahe volkstümliche Marienglaube.

NATIONALSTOLZ

Es gehört zur Mentalität der Polen, wie die Rohrspatzen auf das eigene Land, den Staat und vor allem die Politiker zu schimpfen. Doch Vorsicht: Die Menschen sind sehr stolz auf ihre Heimat und reagieren gereizt, wenn Ausländer sich das Recht herausnehmen, Kritik zu üben.

Ein Grund dafür ist wohl, dass die Polen immer wieder mit einer gewissen Verbitterung zur Kenntnis nehmen müssen, dass ihre historischen Leistungen vom Rest Europas nicht gebührend gewürdigt werden. So begann der Anfang vom Ende des Kommunismus nicht mit dem Fall der Mauer in Berlin, sondern ein halbes Jahr zuvor mit den ersten halbfreien Wahlen, die sich das polnische Volk am 4. Juni 1989 erkämpft hatte. Und noch ein wichtiger Hinweis: Frédéric Chopin war kein Franzose und Nikolaus Kopernikus kein Deutscher!

SLAWISCHE NACHBARN

Die slawischen Brüder und Schwestern sind in Polen nicht unbedingt beliebt. Die Tschechen und Slowaken werden vor allem belächelt; ihre Sprache erscheint den Polen als drollige Abart ihrer eigenen. Die Ukrainer werden mit einer Mischung aus Mitleid, paternalistischer Fürsorge und Hass bedacht: Mitleid, weil sie in der EU „draußen bleiben" und deshalb

Warschau: Im Fitnessclub des Interconti-Hotels badet man mit Blick auf den Kulturpalast

verdammt scheinen zu Armut und Rückständigkeit. Daran scheint sich auch nach der von Polen und der Ukraine gemeinsam ausgerichteten Fußball-EM 2012 wenig geändert zu haben. Paternalistische Fürsorge kommt den Ukrainern zu, weil ihr Land zu den *kresy* gehört, Polens verlorenen Ostgebieten, die es sich eines fernen Tages vielleicht wieder zurückholen kann. Hass ernten die Ukrainer, weil sie unerbittlich für ihren eigenen Staat gekämpft und sich dabei schon manches Mal mit den Polen angelegt haben. Die Weißrussen lösen Irritation aus, denn was ist von einem Volk zu halten, das sich nach der langersehnten Staatsgründung sogleich den Russen an den Hals warf? Die Russen schließlich galten bisher als Feind Nr. 1: Der Hitler-Stalin-Pakt, der 1939 zur Aufteilung Polens zwischen Deutschland und der Sowjetunion führte, die Erschießung von mehr als 20 000 polnischen Offizieren („Massaker von Katyń") und Polens Bevormundung bis 1989 boten viele Gründe dafür. Als 2010 eine polnisch-russische Gedenkfeier in Smolensk (bei Katyń) ausgerichtet wurde, durften alte Verschwörungstheorien auferstehen: Beim Landeanflug stürzte die polnische Regierungsmaschine ab und riss neben Präsident Kaczyński 95 Vertreter der politisch-militärischen Elite mit in den Tod. Allen Fakten zum Trotz halten sich bis heute Gerüchte, der Absturz gehe auf das Konto des russischen Geheimdienstes ... Seit Russlands Krim-Annexion 2014 ist eine neue polnisch-russische Eiszeit angebrochen: Polens Regierungsvertreter ließen verlautbaren, der östliche Nachbar sei die Hauptbedrohung für den Weltfrieden.

TOURISMUS

Polen hat schon längst erkannt, welch großes wirtschaftliches Potenzial im Tourismus steckt. Die stetig ansteigende Zahl allein deutscher Touristen (2010 4,6 Mio.) spricht für sich. Im polnischen Tourismusministerium verspricht man sich in den kommenden Jahren einen jährlichen Besucherzuwachs von gut 4 Prozent. Die Investitionen in den Tourismus stellen daher eine Investition in einen wachsenden Wirtschaftszweig dar. Dabei legt man besonderen Wert auf eine bessere Anfahrtsinfrastruktur und ein breiteres Kultur-, Sport- und Freizeitangebot. Schon jetzt bewahren und vermarkten die Polen mit großer Professionalität die Attraktionen ihrer Heimat. Die schönsten und wertvollsten Landstriche werden in 23 Nationalparks von einer Gesamtfläche von 3000 km² geschützt, die historischen Denkmäler wieder aufgebaut.

Die Hotelbranche scheint ihre Hausaufgaben bereits gemacht zu haben. Unterkünfte jeder Art schießen wie Pilze aus dem Boden: moderne Häuser, Hotels in historischen Bürgerhäusern, in restaurierten Schlössern und Palästen, Pensionen, Ferienwohnungen, gut ausgestattete Campingplätze. Die Zahl der Hotels hat sich seit 1990 knapp verzehnfacht. Seit der Wende boomt es auch beim Urlaub auf dem Bauernhof: Hier zeigt sich in besonderem Maß, dass der in Polen eingeschlagene Weg des sanften Tourismus richtig und zukunftweisend ist.

WIRTSCHAFT

Von allen fundamentalen Reformen, die Polen nach 1989 durchgestanden hat, war die Wirtschaftsreform die folgenschwerste und radikalste: Die ehemals privilegierten Gruppen, d. h. körperlich schwer arbeitende Menschen wie etwa Bergbauarbeiter, verloren ihre Pfründe, viele Menschen durch Schließungen der unwirtschaftlichen Staatsbetriebe sogar ihre Existenzgrundlage. Einige gut ausgebildete und wirtschaftlich aktive Jüngere oder Menschen mit guten Beziehungen, darunter auch Angehörige der alten kommunistischen Eliten, konnten sich durch Firmengründungen oder Privatisierung erfolgreich neu positionieren.

Der zur Schau gestellte Wohlstand der Neureichen steht im krassen Gegensatz zur Armut der Landstriche mit einer besonders hohen Arbeitslosigkeit. In Polen leben noch über 2 Mio. Menschen, also knapp 16 Prozent der Beschäftigten, von der Landwirtschaft. Das ist sehr viel mehr als in vergleichbaren westeuropäischen Staaten und ein deutlicher Hinweis auf eine immer noch stark agrarisch strukturierte Gesellschaft. Andererseits gibt es in der Industrie Trends, die in die Zukunft weisen: Polens Exportschlager sind Autos und Autoteile. Mittlerweile arbeiten rund 30 Prozent der Polen in industriellen Berufen. Ein Indiz für die Veränderung der Gesellschaft in Richtung Konsum und Dienstleistung ist auch die Zahl von 67,3 Prozent der in diesem Sektor Beschäftigten.

Die nach der Wende zunächst hohe Arbeitslosenquote von 19 Prozent hat sich nach 2004 wieder halbiert. Zum großen Teil lag das daran, dass fast zwei Millionen junger Menschen nach Polens EU-Beitritt emigriert sind. Sie nahmen besserbezahlte Arbeitsstellen in Großbritannien und Irland an, deren Arbeitsmarkt ihnen von Anfang an offen stand. Mit der Weltwirtschaftskrise, von der diese beiden Länder besonders stark betroffen sind, hat freilich der Rückzug der Polen in die Heimat eingesetzt ... Dort freilich ist die Lage auch nicht gerade rosig, nachdem viele ausländische Investoren ihre Gelder abgezogen haben und westliche Banken mit der Kreditvergabe vorsichtiger geworden sind. Mittlerweile ist die Arbeitslosenzahl auf 14 Prozent hochgeschnellt.

ESSEN & TRINKEN

In den größeren Städten ist die internationale Küche in allen ihren Formen vertreten. Neben exquisiten und teuren Gourmetrestaurants gibt es viele Mittelklasselokale, in denen man ebenso gut wie preiswert essen kann.

Polnische Hausmannskost ist meist noch preiswerter und auch sehr lecker. Sie erkennen sie an dem Schild *obiady domowe.* Hinter der Aufschrift ● *Bar mleczny* (Milchbar) verbirgt sich eine polnische Besonderheit: Sie ist ein sozialistisches Überbleibsel, wurde aber in den letzten Jahren zum wiederbelebten Kultort. Im einfachen, kantinenartigen Ambiente füllen sich vor allem junge Polen gut und günstig den Magen. Die Milchbar funktioniert nach dem Selbstbedienungsprinzip: Die meist enorme Auswahl an Gerichten wird samt Preis auf einer großen Tafel neben der Theke angezeigt. Dort geben Sie auch Ihre Bestellung auf, zahlen und warten auf das Essen, das Ihnen sogleich dampfend von einer bekittelten Matrone aus der Küche gereicht wird. Probieren Sie in der Milchbar z.B. mal die säuerlich-pikante Roggenmehlsuppe mit Wursteinlage *(żurek z kiełbasę),* Rote-Bete-Suppe mit Krokette *(barszcz z krokietkiem)* oder gefüllte Teigtaschen *(pierogi)* mit einem Becher Kefir. Na denn, guten Appetit!

Die traditionelle polnische Küche ist recht bodenständig und handfest. In ihr finden sich die vielfältigen Einflüsse anderer Nationalküchen, vor allem der litauischen, russischen, deutschen und jüdischen wieder. Es gibt in Polen keine

Bild: Oscypek – geräucherter (gelb) oder luftgetrockneter (weiß) Käse

Bodenständig und handfest: Die deftige polnische Küche stellt sich erfolgreich der internationalen Konkurrenz

großen regionalen Unterschiede, wohl aber regionale Spezialitäten wie z. B. die schlesische *kaszanka*, eine grobe Grützwurst, die *pyzy* (Dampfnudeln) aus Großpolen oder die *kiszka ziemniaczana* (Kartoffelwurst) aus Ostpolen. Die Gerichte auf den Speisekarten richten sich stark nach der jeweiligen Jahreszeit und ihrem Angebot, im Herbst z. B. isst man häufiger Wild und Pilze.

„Von allen Gemüsesorten mag ich am liebsten Kotelett", sagen die Polen scherzhaft, denn sie sind große Fleisch-esser; Rind, Schwein und Geflügel, auch viel Wurst kommt auf den Tisch. Fisch gibt es in diesem katholischen Land traditionell freitags.

Die Mahlzeiten sind reichlich und deftig. Schon zum Frühstück gibt's Rührei und Würstchen, Käse, Wurst, *biały ser* (schnittfesten Schichtkäse), Tomatenscheiben oder Gurken, dazu Tee oder Kaffee. Bis zum Mittagessen hilft man sich mit einem Stück Hefekuchen *(drożdżówka)* und Tee weiter. Mittags, zwischen 13 und 14 Uhr, wird warm ge-

SPEZIALITÄTEN

▶ **barszcz** – Klassiker der polnischen Küche: Suppe aus Roter Bete (Foto li.)

▶ **biała kiełbasa** – die mit Majoran abgeschmeckte weiße Wurst wird warm, am besten mit *chrzan* (Meerrettich) gegessen

▶ **bigos** – der berühmte Eintopf aus Kraut, mehreren Fleischsorten, Wurst und Pilzen wird tagelang geschmort

▶ **chłodnik litewski** – die „litauische Kaltschale" wird aus Joghurt, Buttermilch und verschiedenem Gemüse mit einem Schuss Rote-Bete-Saft gemacht

▶ **czernina** – Suppe aus dem Blut junger Gänse, Enten oder Ferkel mit deren Fleisch, Dörrpflaumen und -birnen sowie Nudeln

▶ **flaki** – dicke, sehr pikante Suppe aus Kutteln

▶ **gofry** – Waffel mit Obst und Schlagsahne

▶ **karp po żydowsku** – Karpfen auf jüdische Art mit Rosinen und Mandeln

▶ **kasza gryczana** – Buchweizengrütze, meist als Beilage

▶ **kopytka** – Kartoffelklöße mit Speckstippe

▶ **mazurek** – typisches Ostergebäck aus Mürbeteig mit Mandeln, Nüssen, Quark und Rosinen

▶ **miód pitny** – Honigwein, wird am besten heiß getrunken

▶ **mizeria** – süß-saurer Gurkensalat mit Sahne und Dill

▶ **naleśniki z serem** – Pfannkuchen als Hauptspeise mit süßer Füllung aus einer Quarkmischung, mit etwas saurer Sahne begossen

▶ **pierogi** – Teigtaschen mit süßer (z. B. Früchte) oder deftiger (z. B. Hackfleisch) Füllung (Foto re.); klassisch sind „russische Piroggen" *(pierogi ruskie)* mit Schichtkäse, Zwiebeln und Kartoffeln

▶ **zapiekanka** – Baguette, mit Pilzen belegt und mit Käse überbacken

▶ **Żubrówka** – Wodka mit einem Stängel Büffelgras

▶ **żurek** – Suppe aus einem speziell fermentierten Roggenmehl, mit Wurst und gekochtem Ei, säuerlich-pikant

gessen. Die Mahlzeit besteht meist aus Suppe, Hauptgang und Nachtisch. Als Getränk reicht man *kompot*, meist lauwarmes, verdünntes Kompott aus Erdbeeren oder Kirschen im Glas. Zu Abend isst man zwischen 19 und 20 Uhr. Auf den Tisch kommt normalerweise eine ähnliche Speisenauswahl wie beim Frühstück.

Es gibt in Polen noch sehr viele nicht-in-dustrielle Lebensmittel: sauer eingelegte Gurken oder Pilze, eingeweckte Früchte, selbst gemachte Säfte und Schnäpse, mit der Hand geformte *pierogi* (Teigtaschen mit Füllung) oder *uszka*, „Öhrchen", Mini-Pierogi als Suppeneinlage. Die Wochen-märkte sind kleine Paradiese für Fein-schmecker, dort findet sich alles frisch vom Baum, Feld oder aus dem Wald, auch selbst gemachte Butter und Käse, Honig und mehr.

Suppen und Eintöpfe werden in Polen gerne gegessen, und es gibt davon eine große Auswahl. Zu den beliebtesten Suppen gehören *pomidorowa*, Toma-tensuppe aus frischen Tomaten mit Nu-deln oder Reis, und *rosół*, Hühner- oder Rinderbrühe. Typisch polnisch sind auch *kapuśniak* und *ogórkowa*, Suppen, die aus Sauerkraut bzw. sauren Gurken gemacht werden. Lecker ist der *krup-nik*, eine dicke Suppe aus Graupen und Gemüse. Typisch für polnische Suppen ist, dass sie meistens mit einem Schuss Sahne abgerundet werden.

Auf der Hitliste der Hauptspeisen stehen *sznycel* und *kotlet* ganz oben. Beliebt sind auch *gołąbki*, Kohlrouladen mit einer Fül-lung aus Hackfleisch und Reis, und *zrazy*, Rinderrouladen. Zu den Klassikern ge-hören *kaczka z jabłkami*, Ente mit Äpfeln, oder *gęś pieczona*, gebratene Gans. An Wildgerichten kommen häufig *dzik* und *sarnina* (Wildschwein und Reh) auf den Tisch. Fischgerichte bestehen meist aus Süßwasserfischen wie Forelle *(pstrąg)*, Karpfen *(karp)*, Hecht *(szczupak)* oder Schleie *(lin)*. An der Ostsee kommt der Fisch natürlich aus dem Meer; Dorsch, Hering und Lachs sind die am häufigsten gefangenen Arten. Zu Fisch und Fleisch werden meist Kartoffeln gereicht. Gemü-se als Beilage ist nicht so populär, es gibt z. B. *kapusta* (Kohl), *buraczki* (Rote Bete) oder *marchewka* (Möhren). Dafür wird der Hauptgang durch einen Rohkostteller *(surówka)* ergänzt.

Die Polen sind große Teetrinker. Der Tee *(herbata)* wird meist mit Zucker und einer Scheibe Zitrone getrunken. Anstelle des traditionellen Kaffeeaufgusses im Glas haben mittlerweile Espresso und Cappuc-cino oder schlicht *kawa z ekspresu* Einzug gehalten. Während Wodka eine lange

Strenge Herren schauen einem im „Pol-nischen Hof" in Breslau auf den Teller

Tradition hat, ist die Popularität von Bier neu. Polnisches Bier ist wohlschme-ckend. Die populärsten einheimischen Sorten sind Okocim, Żywiec, Tychy und das dunkle Dobry Wieczór der Brauerei Pinta. In der Verbrauchergunst gestiegen ist Wein; der Weinmarkt ist aber noch unterentwickelt.

EINKAUFEN

Die Zeiten der Herrschaft bestickter Tischdeckchen, Bernsteinketten und Kristalle über den Souvenirmarkt in Polen sind vorbei. Riesige, moderne Shoppingcenter locken jetzt mancherorts mit Hunderten von Geschäften die Kundschaft. Eine Shoppingtour ist in Polen auch wegen der freien Ladenöffnungszeiten angenehm; es gibt bereits viele Läden, die rund um die Uhr geöffnet haben. Lassen Sie sich aber auf keinen Fall die Märkte mit ihrem besonderen Charme entgehen.

GLAS & PORZELLAN

Schön ist das Design von Glas und Porzellan. Neben den Pfauenpünktchen der Bunzlauer Keramik finden Sie Einzelstücke in Galerien und interessante Stücke beim Stöbern im **INSIDER TIPP** einfachen Haushaltswarengeschäft. Zu Recht gibt es viele Sammler, die das polnische Kristallglas schätzen. Ob klar oder farbig, diese Gläser machen aus einem gedeckten Tisch eine elegante Tafel.

KLEIDUNG & LEDER

Schon auf den ersten Blick springen dem ausländischen Käufer Markennamen ins Auge, die er von zu Hause kennt. Deren Produkte sind in der Regel etwas billiger als in Deutschland. Aber es lohnt sich auch, gezielt nach polnischem Modedesign zu schauen, denn die Modewelt in Paris und Mailand bekommt Konkurrenz: Auf der *Warsaw Fashion Street* zeigen sich aufstrebende Talente wie Anna Pyrkosz und Kinga Buszczyńska. Natürliche Stoffe, am liebsten Seide, Baumwolle und Leinen, sind die Basis für ihre betont femininen Kollektionen, die sich durch aufwändige Details auszeichnen. Erschwinglicher sind Kreationen der polnischen Marke *Simple,* die – wie der Name andeutet – unprätensiöse, tragbare Alltagsmode präsentiert. Traditionell sind auch Lederwaren preiswert: Handtaschen, Lederjacken, Mäntel und Handschuhe; Schuhe dagegen eher weniger.

KUNST & KUNSTHANDWERK

Bekannt ist Polen für seine Plakatkunst. Schauen Sie sich z. B. in Warschau am Alten Markt die eindrucksvollen Plakate an. Ein Plakat aus Polen an der Wand ist eine schöne Erinnerung an das Land. Leider sind die Zeiten vorbei, da man in Galerien gute Kunst für wenig Geld kaufen konnte – die Preise haben Westniveau. Sollten Sie trotzdem über das nö-

Mode, Kunst und Genuss: Ein Einkaufs-bummel auch mal jenseits der typischen Andenkenläden verspricht „fette Beute"

tige Kleingeld verfügen, bekommen Sie hier mit Sicherheit Grafiken und andere Kunstwerke, die einen einzigartigen, pol-nischen Charakter tragen. Das gilt auch für Volkskunst. Wer sich einen schönen handgewebten Wandteppich oder eine ausdrucksstarke Holzfigur kaufen möchte, für den sind die traditionellen Cepelia-Läden immer noch die beste Adresse.

Etwas preiswerter kann man sich der Kunst widmen, indem man sich in aller Ruhe schöne Bildbände ansieht. Obwohl Bücher teuer geworden sind, sind Kunst- und Fotobände immer noch preiswert, die Ausgaben meist in einer sehr an-spruchsvollen Qualität.

Und dann sind da noch die Gartenzwerge. Das deutsche Monopol auf diese Spezies ist für immer gebrochen. Zu Hunderten stehen diese Kerlchen beiderseits der in-ternationalen Straßen und finden regen Zuspruch bei den Touristen: Die halten auf dem Heimweg gerne mal für so ein Zipfelmützengeschöpf oder eine andere Figur für den heimischen Garten.

LEBENSMITTEL

Der polnische ● Wodka ist wärmstens zu empfehlen. Das hochprozentige Na-tionalgetränk gibt es in Dutzenden von Sorten. Die Flaschen haben alle ein schönes Design, und der Inhalt kommt jedem Geschmack entgegen: Da gibt es süße Sorten wie z. B. Preiselbeerwodka, Klare wie *Żytnia* oder *Wyborowa* oder den *Żubrówka* mit dem Büffelgras.

Wenn sich Ihr Aufenthalt in Polen dem Ende zuneigt, dann gehen Sie doch mal über einen Markt: Kaufen Sie sich Pilze oder Beeren, ein Glas marinierte Pilze, eine aromatische Wurst oder einen Kranz getrockneter Pilze für die Soße.

SCHMUCK

Berühmt ist das exquisite Silberschmuck-Design. Gewagte Formen und eine schö-ne Verarbeitung: mal Silber pur, mal mit Steinen, auch – ganz modern – mit Bernstein.

DIE PERFEKTE ROUTE

SCHLESIEN, RIESENGEBIRGE UND DIE HOHE TATRA

1 *Poznań (Posen)* → S. 50 mit seiner prachtvollen Altstadt ist auf der E-30 von Frankfurt/Oder schnell erreicht. Von hier aus geht es durch die ländliche Oderniederung nach **2** *Wrocław (Breslau)* → S. 83, Schlesiens lebende Metropole und Europäische Kulturhauptstadt 2016. Danach darf ein Abstecher ins **3** *Riesengebirge* → S. 80 (Foto li.) nicht fehlen. Dort können Sie die *Schneekoppe* besteigen und das *Hirschberger Tal* erkunden. Auf dem Weg nach Osten lohnt ein Halt in **4** *Świdnica* → S. 76, wegen seiner Friedenskirche und des Schlosses *Fürstenstein* nahebei. Über das beschauliche **5** *Opole (Oppeln)* → S. 79 geht es schnurstracks nach **6** *Kraków (Krakau)* → S. 87, das so schön ist, dass Sie hier gern länger bleiben wollen! Doch es locken Abstecher südwärts nach **7** *Zakopane* → S. 95 am Fuß der Hohen Tatra, des „kleinsten Hochgebirges der Welt". Auf dem Weg dorthin können Sie in den Pieninen eine Floßfahrt einschieben und den nostalgischen Kurort *Szczawnica* besuchen.

AUF DER ADLERHORSTROUTE

Anschließend fahren Sie nordwärts durch eine bewaldete Karstlandschaft, in der Burgruinen an ehemalige Grenzverläufe erinnern. Nach dem Besuch der Schwarzen Madonna in **8** *Częstochowa (Tschenstochau)* → S. 93, Polens wichtigstem Wallfahrtsort, folgt **9** *Łódź* → S. 70, ein „Vorort" der Hauptstadt; toll ist hier z.B. das *ms²*, eines der besten Museen moderner Kunst in Polen. **10** *Warszawa (Warschau)* → S. 58 (Foto re.) hat sich großartig herausgemacht: Alt- und Neustadt, Boomtown und beschauliches Weichselufer sorgen für reichlich Kontrast.

INS LAND DER TAUSEND SEEN

Nächste Station ist das mittelalterliche **11** *Toruń* → S. 57, das sich mit dem Prädikat Unesco-Weltkulturerbe schmücken darf. Von Toruń könnten Sie längs der Weichsel geradewegs zur Küste vorstoßen. Wer Zeit hat, sollte einen Abstecher nach Masuren unternehmen. Eingangstor zum „Land der dunklen Wälder und tausend Seen" ist **12** *Olsztyn (Allenstein)* → S. 42 mit seiner mächtigen Burg. Von hier kommen Sie ins Herz der Seenplatte nach **13** *Mikołajki (Nikolajken)* → S. 44. Eine große Schleife rings um die Seen führt durch die Wälder der Johannisburger Heide. Über Hitlers „Wolfsschanze", die Barockperle *Święta Lipka* und mehrere Burgstädtchen gelangen Sie nach **14** *Frombork (Frauenburg)* → S. 39, dessen Kathedralhügel über dem Frischen Haff thront. Eine noch mächtigere Festung erleben Sie in **15** *Malbork (Marienburg)* → S. 40, von der einst die Deutschen Ordensritter über ihren Staat herrschten.

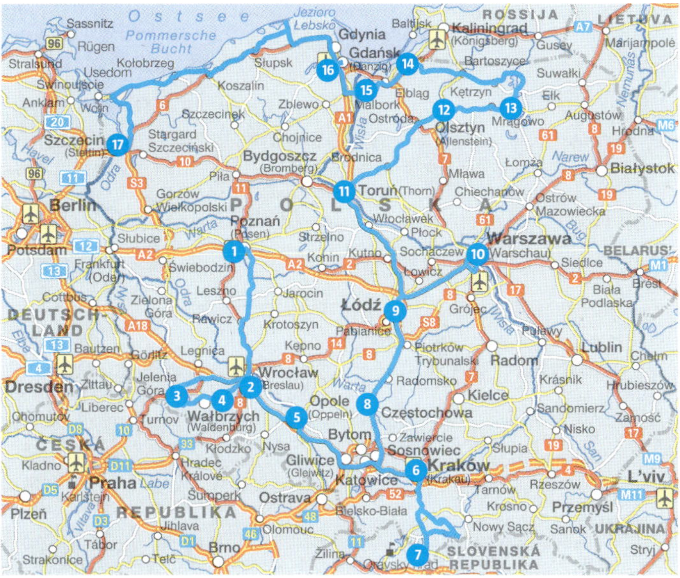

DIE KÜSTE ENTLANG

Ein weiteres Highlight ist die Hansestadt **16** *Gdańsk (Danzig)* → S. 33 mit rekonstruierter Alt- und Rechtstadt, Mottlau-Promenade und Schiffsausflügen. Der Rückweg nach Westen führt über die Dünen des *Słowiński-Nationalparks* und die Steilufer der Insel *Wolin* nach **17** *Szczecin (Stettin)* → S. 44 im Süden des gleichnamigen Haffs. Die Hansestadt an der Odermündung ist auf dem Weg, alten Glanz zurückzugewinnen. Bummeln Sie über die Hakenterrasse und kehren Sie im Biergarten *Columbus* ein.

ca. 2730 km, reine Fahrzeit 43 Stunden
Empfohlene Reisedauer: zwei Wochen
Detaillierter Routenverlauf auf dem hinteren Umschlag, im Reiseatlas sowie in der Faltkarte

OSTSEEKÜSTE UND MASUREN

Die noch weitgehend intakte Natur mit ihren abwechslungsreichen Landschaftsformen und die Großstädte mit ihrem breiten Freizeit- und Kulturangebot machen den Norden Polens zur beliebtesten Urlaubsregion des Landes.

Polens Ostseeküste zieht sich über 524 km von Świnoujście (Swinemünde) auf Usedom bis zur Frischen Nehrung hin, deren nordöstlicher Teil in der russischen Exklave Kaliningrad liegt. Der Strand hat viele Gesichter: schneeweiße, breite Sandstreifen, von Kiefernwäldern und Dünen gesäumt, steile, bis zu 100 m hohe Kliffe, Wanderdünen, Strandseen, Salzwiesen und Haffe. Gleich hinter der Küste beginnt die sanfte Moränenlandschaft Westpommerns, dann liegen weiter östlich die Kaschubische Schweiz,

das Ermland und Masuren mit seinen unzähligen Seen. Legendär ist die von Wasser und Wald geprägte Landschaft, die Vielfalt der in Westeuropa längst rar gewordenen Pflanzen- und Tierwelt, die Ruhe und Beschaulichkeit der kleinen Orte. Aber die Zeiten, in denen man kilometerweit wandern konnte, ohne einer Menschenseele zu begegnen, sind vorbei. Selbst in vielen Dörfern im Landesinneren leben die Menschen vom sanften Tourismus. Kleine, liebevoll eingerichtete Pensionen mit Bötchen, Angelzeug und Reitpferd laden ebenso ein wie die agrotouristischen Höfe, wo Sie eine landestypische Küche probieren können. Gastfreundlich geht es auch in den größeren Orten und Städten der Küste zu. Da aber herrscht ein anderer

Bild: Wanderdüne im Słowiński-Nationalpark

Schöne Strände, üppige Wälder, klare Seen –
Polens Norden mit seinen Naturparadiesen
setzt auf sanften Tourismus

Geist: im Sommer überlaufene, moderne Kur- und Seebäder, quirliges Strand- und Stadtleben und eine professionelle Vermarktung von Sehenswürdigkeiten. Besucher können in Polens Norden auch eine Vielfalt wieder aufgebauter und restaurierter Kulturdenkmäler besichtigen: die typische Backsteingotik, die von der Zugehörigkeit der alten Küstenstädte zur Hanse zeugt, die historischen Bauten des Deutschen Ordens und viele der ehemaligen deutschen Landsitze und Schlösser in Masuren. Viel Wissenswertes finden Sie in den MARCO POLO Bänden „Masurische Seen" und „Polnische Ostseeküste".

GDAŃSK (DANZIG)

(135 F2) *(🗺 G1)* **Gdańsk (420 000 Ew.) ist die Königin der polnischen Ostseestädte und die schönste der drei Schwesterstädte Gdańsk, Gdynia und Sopot, auch Dreistadt (Trójmiasto) genannt.**

GDAŃSK (DANZIG)

Danzigs Rathaus am Langen Markt, im Vordergrund der Neptunbrunnen

Seit Jahrhunderten zieht die Stadt mit ihrer schönen Architektur und ihrer Lage am Fluss Besucher an. Daran hat sich auch nach dem Zweiten Weltkrieg nichts geändert, als die Stadt in Schutt und Asche lag. Die neuen Bewohner nach der Vertreibung der Deutschen waren heimatlos gewordene Polen aus Gebieten, die an die Sowjetunion gefallen waren. Sie bauten die Stadt wieder auf: Minutiös wurden historische Bauten und Straßenzüge rekonstruiert, die von jahrhundertealtem hanseatischem Wohlstand der Vielvölkerstadt Zeugnis ablegen. Hier stehen himmelstrebende Backsteingotik, klarer Renaissancestil, holländischer Manierismus und überquellendes Rokoko eindrucksvoll nebeneinander.

Dazwischen Bernstein ohne Ende. Kleine Lädchen und Stände fliegender Händler neben exquisiten Juwelierläden: Danzig ist das Zentrum der Bernsteinverarbeitung. Auch sonst ist die Stadt sehr lebendig, ihre Straßen sind voller Menschen; das internationale Sprachgewirr vermischt sich mit der Straßenmusik, in Kneipen und Bars brummt das Geschäft. Kulturelle Veranstaltungen reihen sich das ganze Jahr über dicht aneinander. Nähere Informationen finden Sie im MARCO POLO Band „Danzig".

CITY **WOHIN ZUERST?**

Długi Targ: Zug- und Busbahnhof befinden sich unmittelbar vor den Toren der Altstadt. Da das historische Zentrum für nicht-autorisierte Autofahrer eine No-Go-Area ist, empfiehlt es sich, den Wagen am nächstgelegenen bewachten Parkplatz in der ul. Wałowa abzustellen. Von hier sind es wenige Gehminuten zur Alt- und Rechtstadt mit dem Langen Markt *(Długi Targ)*.

SEHENSWERTES

DŁUGI TARG (LANGER MARKT) ★

Der *Lange Markt* bildet das Herzstück des Rechtstadt-Viertels. Er ist ist Teil des sogenannten Königswegs, der von der *Brama Wyżynna (Hohes Tor)* über die *ul. Długa (Lange Gasse)* und den Długi Targ bis an die Mottlau führt. Hier stehen die berühmtesten Gebäude Danzigs beieinander. Fesselnd: das restaurierte Innere des *Rathauses*, in dem heute das *Museum der Stadtgeschichte (Muzeum Historyczne Miasta Gdańska | Di 10–15, Mi–Sa 10–16, So 11–16 Uhr | ul. Długa 47 | www. mhmg.gda.pl)* untergebracht ist. Ein Höhepunkt ist der mit Samt ausgekleidete Rote Saal mit prunkvollen Deckengemälden. Der Aufstieg zur ☼ Aussichtsplattform auf dem Turm lohnt sich ganz sicher. Neben dem Rathaus befindet sich der *Artushof (Dwór Artusa)*, einst Versammlungsort Danziger Kaufleute. Beeindruckend ist der Große Saal, dessen 450 m² von einem Sternengewölbe überspannt werden. Vor dem Artushof steht der *Neptunbrunnen*, dem Meeresgott und Schutzpatron der Stadt gewidmet. Am Ende des Langen Markts, an der linken Seite des *Grünen Tores (Zielona Brama)*, sehen Sie eine kleine Tafel mit dem Hinweis auf das Büro des ehemaligen Arbeiterführers Lech Wałęsa.

EUROPEJSKIE CENTRUM SOLIDARNOŚCI (EUROPÄISCHES ZENTRUM DER SOLIDARITÄT)

Dank multimedialer Präsentation eine spannende Zeitreise in die 1980er-Jahre, die zum Sturz des Sozialismus führten. *Di–So 10–17 Uhr | ul. Doki s/n | www.ecs. gda.pl/wystawa, www.fcs.org.pl*

HEWELANIUM

Das ehemalige Fort hinter dem Hauptbahnhof huldigt dem Danziger Astronomen Johannes Hevelius (1611–87): In Backsteintunneln wird man in die Entstehungszeit der Festung zurückbefödert, in der Multimedia-Ausstellung „Energie, Himmel und Sonne" dürfen Sie in die Sterne schauen. *Di–So 9–16 Uhr | ul. Gradowa 6 | www.hewelianum.pl*

KOŚCIÓŁ MARIACKI (MARIENKIRCHE) ●

Vom Frauentor führt die *Frauengasse* zur größten Backsteinkathedrale der Welt. Die dreischiffige Hallenkirche mit den Maßen 105 × 68 m bietet Platz für 25 000 Menschen. Viele Schätze sind im Innern nicht erhalten. Unbedingt sollten Sie sich die *Astronomische Uhr* von 1470 mit Kalendarium und Himmelsscheibe ansehen. Schlag Mittag setzen sich die Fi-

MARCO POLO HIGHLIGHTS

★ **Długi Targ (Langer Markt)**
Nach historischem Vorbild wieder aufgebaute prachtvolle Architektur in Danzig → S. 34

★ **Malbork (Marienburg)**
Größte mittelalterliche Backsteinburg und Unesco-Weltkulturerbe → S. 40

★ **Słowiński-Nationalpark**
Herrliche Dünenlandschaft in einem der Weltbiosphärenreservate → S. 41

★ **Kanał Elbląsko-Ostródzki (Oberländischer Kanal)**
Wunder der Technik und Erlebnis für Naturfreunde → S. 43

★ **Wilczy Szaniec (Wolfsschanze)**
Bunkerruinen am Ort des Attentats auf Hitler → S. 44

★ **Wolliner Nationalpark**
Grandios: hohe Kreidefelsen, uralte Buchenwälder und Eiszeitseen → S. 47

guren des Uhrwerks in Bewegung. Schaffen Sie den Aufstieg auf den ☀ Turm (78 m), liegt Ihnen die Stadt zu Füßen.

KOŚCIÓŁ ŚW. BRYGIDY (BRIGITTENKIRCHE)

Die Kirche ist in den 1980er-Jahren als Zufluchtsort und „Büro" der Solidarność berühmt geworden. Im unspektakulären Gebäude entsteht ein spektakulärer Altar: ein 12 m hoher Bernsteinaltar in Form einer Lilie. *ul. Profesorska 2*

MOTŁAWA (MOTTLAU)

Hinter dem Grünen Tor, am Ufer der Motława, legen die Ausflugsschiffe in die Nachbarstädte Sopot (Zoppot) und Gdynia (Gdingen) sowie auf die Halbinsel Hela und nach Westerplatte ab. Weiter nördlich steht das *Krantor*. Dort sehen Sie die gewaltigen Treträder, in denen Hafenarbeiter und Sträflinge Lasten auf die Höhe von 11 m hievten. Das Krantor ist Teil des *Nationalen Maritimen Museums nebenan (S. 37)*.

MUZEUM NARODOWE (NATIONALMUSEUM) ●

Allein die Architektur des ehemaligen Franziskanerklosters mit seinen mittelalterlichen Gewölben ist den Abstecher in die Alte Vorstadt wert *(Stare Przedmieście | 10 Gehmin. südl. der Langgasse, ul. Długa)*. Das Highlight der Sammlung ist ein flämisches Werk: Hans Memlings Triptychon „Das Jüngste Gericht" (1472) zeigt drastisch, wie man sich im späten Mittelalter den Übergang ins Jenseits vorstellte. Sehenswert ist auch das Interieur: Fein gearbeitete Möbel und Schnitzarbeiten, Porzellan, Textilien, Gold- und Silberwaren beweisen die Kunst der Meis-

Ausflugsschiffe in Danzigs Hafen, hinten das Krantor

ter und den Reichtum der Auftraggeber. *Di–So 10–17, Do 12–19 Uhr | ul. Toruńska 1 | www.muzeum.narodowe.gda.pl*

Dependancen des Nationalmuseums sind über die ganze Stadt verstreut. Außergewöhnlich ist das kleine *Bernsteinmuseum* im Stockturm am Eingang zur Rechtstadt *(Muzeum Bursztynu | Di 10–15, Mi–Sa 10–16, So 11–16 Uhr | Targ Węglowy 26).* Die museale *Polnische Post,* in der der Zweite Weltkrieg begann, dokumentiert die Ereignisse des 1. September 1939 *(Poczta Polska | Di 10–15, Mi–Fr 10–16 Uhr | Obrońców Poczty Polskiej 1–2).* Nahebei öffnet das monumentale *Museum des Zweiten Weltkriegs (ul. Wałowa s/n | www.muzeum1939.pl),* das anhand von historischem Film- und Fotomaterial, Originaltönen und rekonstruierten Schauplätzen das Geschehen nacherlebbar macht.

MUZEUM NARODOWE MORSKIE (NATIONALES MARITIMES MUSEUM)

Auf vier Etagen wird interaktiv über die Seefahrt informiert: vom Einboot bis zum Containerschiff, vom Leuchtturm bis zur Hafenarbeit. Die museumseigene Minifähre setzt zur Bleihofinsel über, wo sich die Ausstellung in historischen Speichern und dem originalen Frachter „Sołdek" fortsetzt. *Juli/Aug. tgl. 10–18, Sept.–Dez. und April–Juni Di–So 10–16, Jan.–März Di–So 10–15 Uhr | Eintritt 12 Zł., inkl. Bleihofinsel, Sołdek und Fähre 28 Zł. | ul. Długie Pobrzeże s/n | www.cmm.pl*

INSIDER TIPP OSKAR

Setzen Sie sich am *Józef-Wybicki-Platz* in *Wrzeszcz (Langfuhr)* auf die Bank, auf der der bronzene Oskar Matzerath sitzt und auf einige Schauplätze der „Blechtrommel" schaut. Unweit davon, neben dem Eingang der Mietskaserne *(ul. Lelewela 13),* erinnert eine Tafel an Günter Grass, der dort mal gewohnt hat. Zentraler, nämlich in der Rechtstadt, liegt die *Gün-*

ter-Grass-Galerie (Gdańska Galeria Güntera Grassa | Di–So 11–17 Uhr | ul. Szeroka 34/35 | www.ggm.gda.pl).

ULICA DŁUGA (LANGE GASSE)

Zwischen dem Hohen Tor und dem Langen Markt, auf dem Königsweg, steht ein prächtiges Kaufmannshaus neben dem anderen. In einem der schönsten von ihnen, dem *Uphagen-Haus,* ist ein Museum eingerichtet, das das Leben in Danzig zur Zeit des Rokoko zeigt *(Di 10–15, Mi–Sa 10–16, So 11–16 Uhr | ul. Długa 12).*

ESSEN & TRINKEN

GOLDWASSER

Bezaubernd neben dem Krantor an der Mottlau gelegen; gutes Essen und das berühmte „Danziger Goldwasser". *Długie Pobrzeże 22 | Tel. 5 83 01 88 78 | www.goldwasser.pl | €€*

HARD ROCK CAFÉ

Die Top-Location am Langen Markt garantiert Erfolg: Rock-Memorabilia und Tex-Mex-Küche locken Scharen von Besuchern an. *ul. Długi Targ 35–38 | www.hardrock.com/cafes/gdansk | €–€€*

INSIDER TIPP RESTAURACJA TARG RYBNY

Gutes Fischrestaurant am Fischmarkt. Probieren Sie Hummersuppe, Lachsröllchen auf Porree und Salat mit Flusskrebsen! Fleischfreunde freuen sich auf argentinische Steaks, angemacht mit Danziger Likör. *ul. Targ Rybny 6 c | Tel. 5 83 20 90 11 | www.targrybny.pl | €€–€€€*

EINKAUFEN

INSIDER TIPP CIUCIU

Paradies für Schleckermäuler. In dem von einem Deutschen geführten Geschäft werden Bonbons vor den Augen der Besucher von Hand hergestellt. *ul. Długa 64/65 | www.ciuciu.pl*

EINKAUFSZENTREN

Ungewöhnlich ist das Einkaufszentrum in einer 1350 erbauten Mühle: Mit steilen Satteldächern steht sie am Radaune-Kanal *(Wielki Młyny 16)*. Allerdings laden nur wenige Läden zum Shoppen ein, größer ist die Auswahl in den nach westlichem Muster gestrickten Shopping Malls, die auch sonntags geöffnet sind: *Madison (Rajska 10 | www.madison.gda. pl)* und *Manhatten* im Vorort Wrzeszcz *(al. Grunwaldzka 141 | gchmanhatten.pl)*.

UL. MARIACKA

Wer Bernstein und anderen Schmuck kaufen möchte, sollte durch diese kleine Straße schlendern. Unzählige Geschäfte bieten ihre Geschmeide auch an Ständen auf der Straße an.

SCHIFFSTOUREN

Von der Anlagestelle an der Mottlau-Promenade *(Motława)* starten im Sommerhalbjahr Ausflugsschiffe zur Wester-platte. Mit der Beschießung polnischer Militäranlagen auf dieser Halbinsel an der Mündung der Mottlau begann – zeitgleich mit dem Angriff auf die Polnische Post – der Zweite Weltkrieg. Ein Lehrpfad erschließt die Halbinsel, führt zu Denkmälern und Open-Air-Installationen. Weitere Schiffstouren führen nach Sopot und Gdynia sowie auf die Halbinsel Hela *(Mitte Mai–Mitte Sept. nur Wochenende, Juli/ Aug. mehrmals täglich | www.zegluga.pl)*.

AM ABEND

Das *Café Absinthe* ist ein angesagter absinthgrüner Laden mit buntem, jungem Publikum, abends schräger Musik und Tanz *(tgl. 10–4 Uhr | ul. Św. Ducha 2 | Teatr Wybrzeze | www.cafeabsinthe.pl)*. Für Ü30-er eine Bar im Tankstellen-Stil: *Stacja de Luxe (tgl. 9–24 Uhr | al. Grunwaldzka 22 | www.stacjadeluxe.pl)*. Die polnischen Musikstars treffen Sie im größten Club Danzigs: *Parlament Wolnego Miasta (ul. Św. Ducha 2 | www.parlament.com.pl)*. Wer sich mit Klassik wohler fühlt, dem sei die renommierte Philharmonie auf der Bleihofinsel empfohlen: *Polska Fil-*

Blick vom Glockenturm auf Frauenburgs Kathedrale und die Ostsee

harmonia Baltycka | ul. Ołowianka 1 | Tel. 58 30 52 0 40 | www.filharmonia.gda.pl

ÜBERNACHTEN

INSIDER TIPP ▶ **DWÓR OLIWSKI**

Kein Wunder, dass hier während der Fußball-EM die deutsche Nationalmannschaft logierte! Das liebevoll restaurierte Gutshaus aus dem 17. Jh. steht abgeschieden im Grünen. Mit feudalem Spa, romantischem Restaurant sowie einem Garten, in dem man die Glocken der Kathedrale von Oliwa hört. *40 Zi. | ul. Bytowska 4 | Tel. 5 85 54 70 00 | www. dwor-oliwski.com.pl | €€€*

GDAŃSK ☼

Das Viersternehotel auf der Speicherinsel bietet Kontrast: Im restaurierten Speicher aus dem 17. Jh. beschwören Stilmöbel und Fotos Alt-Danzig herauf; im Anbau wird modern-maritimer Tradition gehuldigt. Man genießt den Blick auf Yachthafen und Rechtstadt, in der hoteleigenen Mikrobrauerei gibt's Danzigs bestes Bier. *90 Zi. | ul. Szafarnia 9 | Tel. 5 83 00 17 17 | www.hotelgdansk.com.pl | €€€*

AUSKUNFT

CENTRUM INFORMACJI TURYSTYCZNEJ

Gratis-Internet, Audioguides in Dt., *Tourist Card. Tgl. 9–19 Uhr | ul. Długi Targ 28/29 | Tel. 5 83 01 43 55 | www.gdansk4u.pl*

POMORSKIE CENTRUM INFORMACJI TURYSTYCZNEJ

Tgl. 10–18 Uhr | Brama Wyżynna (im Hohen Tor am Eingang zur Rechtstadt) | www. pomorskie.travel

ZIELE IN DER UMGEBUNG

FROMBORK (FRAUENBURG)

(136 B2) (*H1*)

Hier machte Nikolaus Kopernikus die Entdeckung, die das Weltbild der Menschheit revolutionierte, hier wurde er auch zur letzten Ruhe gebettet. Das Ensemble auf dem ☼ Domberg von Frombork (3 000 Ew., 95 km östlich von Gdańsk) besitzt Weltrang. Zu den bedeutendsten Bauwerken gehört der gotische *Dom* mit seinem wunderschönen barocken Inneren, darunter auch die Orgel, die man jeden Sonntag hören kann, und das 2010 entdeckte Kopernikus-Grab im Südschiff *(Mo–Sa 9–15.30, So 10–18 Uhr)*. In der *Bischofsburg* aus dem 14. Jh. ist das *Kopernikus-Museum* beheimatet *(Muzeum Mikołaja Kopernika | Mai–Sept. 9.30–16.30, Okt.–April 9–15.30 Uhr | ul. Katedralna 8 | www.frombork.art.pl)*. Übernachten Sie im *Hotel Kopernik (37 Zi. | ul. Kościelna 2 | Tel. 5 52 43 72 85 | www.hotelkopernik.com.pl | €)*.

KADYNY (CADINEN) (136 B2) (*H1*)

80 km östlich von Gdańsk liegt am Weichselhaff das beschauliche Dorf mit dem ehemaligen Jagdpalais von Kaiser Wilhelm II. und einem traditionsreichen, zzt. aber geschlossenen Gestüt. Wegen Renovierung ist auch das benachbarte

Kaschubische Seenplatte:
Sommervergnügen am Anleger

Hotel in den Wirtschaftsgebäuden des Palasts geschlossen. Gut essen und schlafen können Sie in der „Silberglocke" *(Srebrny Dzwon | 33 Zi. | Kadyny 31 | Tel. 5 52 31 34 34 | www.srebrnydzwon.pl | €€)*. Die über tausendjährige Eiche mit einem Stammumfang von 10 m hat noch die Gründung des Ortes durch Franziskanermönche im 13. Jh. erlebt.

MALBORK (MARIENBURG) ⭐
(136 A2) *(ᗑ G2)*
60 km südöstlich von Gdańsk überragt die größte mittelalterliche Burganlage Europas das Ufer der Nogat. Die mächtigste Burg des Deutschen Ordens galt als uneinnehmbar. Sie brauchen Stunden, um die imposante Anlage mit ihren Schätzen zu besichtigen *(Di–So 10–19, im Winter 10–16 Uhr | Eintritt 40 Zł. | www.visitmalbork.pl | www.zamek. malbork.pl)*. Am schönsten ist eine 45-min. **INSIDER TIPP** Nachtvorführung zur Burggeschichte *(Son-et-lumière, Światło i dźwięk | Mai–Sept. 21.30 Uhr | 15 Zł.)*. Besser als im Schlosshotel übernachten Sie im *Stary Malbork (33 Zi. | ul. 17 Marca 26 | Tel. 5 56 47 24 00 | www.hotelstary malbork.com.pl | €€)*.

OLIWA (136 A2) *(ᗑ G1)*
5 km nordwestl. des Danziger Zentrums liegt der ruhige Vorort Oliwa. Interessant ist der Park *(Park Oliwski)* mit Laubenwegen, Teichen und Palmenhaus. Das Highlight ist die zweitürmige gotische Kathedrale *(Di–So 10–16 Uhr | ul. Cystersów 15 | www.archikatedraoliwa.pl)*. Spektakulär ist ihr Innenleben: Hell und hoch sind die drei Schiffe, die von einem „himmlischen" Gewölbe überspannt werden. Die Orgel von 1780 hat 8000 Pfeifen und 110 Register – wenn sie gezogen werden, wanken die Mauern *(im Sommer Mo–Fr 10–17, Sa 10–15, So 15–17 Uhr zur vollen Stunde; Nebensaison 1–3-mal tgl.)*. Im ehemaligen Abtspalast ist das *Museum für moderne Kunst* untergebracht, das Klassiker der polnischen Avantgarde zeigt *(Oddział Sztuki Nowoczesnej Muzeum Narodowego w Gdańsku | Di–Fr 9–16, Sa/ So 10–17 Uhr | ul. Cystersów 18 | www.mu zeum.narodowe.gda.pl)*.

POJEZIERZE KASZUBSKIE (KASCHUBISCHE SEENPLATTE)
(135 E2–3) *(ᗑ G1–2)*
Die als Kaschubische Schweiz bekannte Region liegt südwestlich von Gdańsk. Hier leben heute noch ca. 200 000 Kaschuben, Angehörige eines slawi-

schen Stammes. Sie haben sich ihre Identität und Sprache bewahrt. Genaueres erfährt man im *Kaschubischen Ethnografischen Park* in Wdzydze Kiszewskie (*Kaszubski Park Etnograficzny | www.muzeum-wdzydze.gda.pl*). Mehr Kurioses sehen Sie im *Ethnopark* von Szymbark, z. B. ein Haus mit dem Kopf (*Centrum Edukacja i Promocji Regionu | Mo–Sa 9–19, So 10–19 Uhr | Eintritt 16 Zł. | ul. Szymbarskich Zakłodnikow 12 | www.cepr.pl*). Übernachten Sie im restaurierten *Schloss Krockow (Zamek Krokowa | 37 Zi. | ul. Zamkowa 1 | Tel. 5 87 74 21 11 | www.zamekkrokowa.pl | €–€€*).

SŁOWIŃSKI-NATIONALPARK ★
(135 D–E1) (*ω F1*)

Ca. 115 km nordwestlich von Danzig liegt an der Ostseeküste dieser Nationalpark, der als Unesco-Weltbiosphärenreservat gelistet ist. Seine größte Attraktion sind die Wanderdünen. Lohnende ⚊ Aussichtspunkte sind der Leuchtturm in *Czołpino* und der Turm auf dem 115 m hohen Berg *Rowokół*. Im Dorf *Kluki* befindet sich das *Freilichtmuseum Słowiński Park Narodowy (Smołdzino | ul. Bohaterów Warszawy 1 | www.slowinskipn.pl*).

SOPOT (ZOPPOT) (135 F2) (*ω G1*)

Zoppot, etwa 20 km westlich von Danzig, ist auf dem besten Weg, den vergangenen Glanz eines mondänen Kurortes zurückzuerobern. Das *Grand Hotel* am Strand in der Nähe der Mole besitzt noch viel vom alten, eleganten Flair (*127 Zi. | Tel. 5 85 51 00 41 | www.sofitel.com | €€€*). Feudal geht es auch nebenan im *Sheraton Sopot* zu (*189 Zi. | ul. Powstańców Warszawy 10 | Tel. 5 87 67 10 00 | www.sheraton.pl/sopot/de | €€€*). Angrenzend öffnet das Kurhaus (*Dom Zdrojowy*) mit Touristeninfo und ● Trinkbrunnen, wo Sie kostenlos vom Heilwasser probieren können. Hier

befinden sich auch die *Staatliche Kunstgalerie* und mit Mineralwasser gefüllte Badepools. Die *Mole* ist mit 516 m die längste hölzerne Seebrücke Europas (*tgl. 8–22 Uhr*). Von hier starten im Sommer Ausflugsschiffe nach Danzig und auf die Halbinsel Hela. Von der Mole gelangt man über die *Promenade (Bohaterów Monte Cassino)* in die Stadt. Diese Fußgängerzone mit Galerien und Cafés ist meist ziemlich überlaufen. Biegen Sie in die *ul. Czyżewskiego* ab, und Sie finden unter Nr. 12 ein Kleinod: **INSIDER TIPP** *Dworek Sierakowski*, ein kleines Adelshaus mit Kunst und einem bezaubernden Café mit Garten (*jeden Do Klassikkonzerte | Eintritt frei | www.tps-dworek.pl*). Abseits vom Trubel bietet das Strandhotel ● *Mera Spa* (*145 Zi. | ul. Bitwy pod Plowcami 59 | Tel. 5 87 66 60 00 | www.meraspahotel.pl | €€€*) in schnörkellos-skandinavischem Ambiente Wellness vom Feinsten.

OLSZTYN (ALLENSTEIN)

(136 C3) (*H2*) **Die Hauptstadt (170 000 Ew.) der Woiwodschaft Warmia i Mazury (Ermland und Masuren) ist auch deren kulturelles und wirtschaftliches Zentrum. Sie wurde erstmals 1348 urkundlich erwähnt und ist heute eine lebendige Großstadt.**

Mit Masuren (Mazury) ist das ehemals südliche Ostpreußen mit Mrągowo (Sensburg) und Giżycko (Lötzen) gemeint. Die protestantischen Bewohner sprachen Deutsch und „Masurisch" – einen polnischen Dialekt. Das Ermland (Warmia) mit Olsztyn liegt weiter westlich. Seine Bewohner waren meist katholisch.

SEHENSWERTES

ALTSTADT

Südwestlich des *Hohen Tores (Wysoka Brama)*, das zur alten Stadtmauer gehört, beginnt die Altstadt. Auf dem mittelalterlichen Marktplatz stehen das wieder aufgebaute *Alte Rathaus* (17. Jh.) und schön restaurierte barocke Laubenhäuser. In einer Seitenstraße (ul. Staszica) befindet sich die *Jacobikirche (Kościół św. Jakuba)*, ein wichtiges Werk der Backsteingotik im Ostseeraum. Südwestlich der Altstadt: das INSIDER TIPP *Mendelsohn-Haus (Dom Mendelsohna | Mo–Fr 10–16 Uhr | ul. Zyndroma z Maszkovic 2 | www.borussia.pl)* vom gleichnamigen, 1881 in Olsztyn geborenen Architekten – überwölbt von einem fantastisch ausgemalten Walmdach.

ORDENSBURG

Die mächtige Anlage wurde 1350 bis 1580 erbaut. Als Kanoniker des ermländischen Domkapitels verteidigte der Astronom Nikolaus Kopernikus mit ihrer Hilfe 1521 die Stadt gegen die Ritter des Deutschen Ordens. *Di–So 9–16 Uhr | ul. Zamkowa 2 | www.muzeum.olsztyn.pl*

ESSEN & TRINKEN

CASABLANCA

In der Parkvilla unterhalb der Burg genießen Sie hausgemachte Torten und ein leichte Bistroküche. *ul. Zamkowa 5 | Tel. 8 95 22 84 64 | www.casablanca.olsztyn. pl | €–€€*

PRZYSTAŃ

Auf einem Holzsteg in einem See spektakulär gelegen. Große Karte mit internationaler Küche. *ul. Żeglarska 3 | Tel. 8 95 23 01 81 | €€*

ÜBERNACHTEN

INSIDER TIPP HOTEL DYPLOMAT

Ein ehemaliges Villenkonsulat aus dem 19. Jh. wurde in eine Viersternehotel mit stilvollen Zimmern, feinem Restaurant und Spa verwandelt. Die kulturell engagierten Besitzer sorgen allwöchentlich für Tango-, Milonga- und Jazzabende. *29 Zi. | ul. Dąbrowszczaków 28 | Tel. 8 95 12 41 41 | www.hoteldyplomat.com | €€*

AUSKUNFT

CENTRUM INFORMACJI TURYSTYCZNEJ

Ul. Staromiejska 1 (Hohes Tor) | Mo–Fr 8–18, Sa/So 10–15 Uhr | Tel. 8 95 35 35 65 | www.olsztyn.eu

ZIELE IN DER UMGEBUNG

GALINDIA (137 D3) (*J2*)

Vergessen Sie Ruhe und Beschaulichkeit. Hier werden Sie am Marterpfahl gefoltert oder von Hexen gequält. Auf Wunsch natürlich. Mit viel Phantasie hat Cezary

Kubacki, ein Psychotherapeut aus Warschau, dieses besondere Freizeitzentrum
geschaffen. Mit Hotel und Restaurant.
*64 Zi. | Iznota bei Ukta, 75 km östl. von
Olsztyn (10 km südl. von Mikołajki) | Tel.
8 74 32 14 16 | www.galindia.com.pl | €€*

KADZIDŁOWO (EINSIEDELN)
(137 D3) *(⌖ J2)*
Ca. 75 km östlich von Olsztyn (13 km
südlich von Mikołajki) befindet sich auf
einem ca. 40 ha großen Gelände ein
Wildpark, in dem Sie eine Vorstellung
vom Wildvorkommen in der Region bekommen. Ein großer Teil der Tiere kann
gestreichelt und gefüttert werden *(Park
Dzikich Zwierząt | tgl. 9.30 Uhr bis Son-
nenuntergang | Eintritt 18 Zł.)*. Essen kön-
nen Sie im originellen Gasthaus *Oberża
Pod Psem (€)* am Tierpark.

KANAŁ ELBLĄSKO-OSTRÓDZKI
(OBERLÄNDISCHER KANAL) ★ ●
(136 B2–3) *(⌖ H1–2)*
Sind Sie schon mal mit einem Schiff über
Land gefahren? Hier geht das. Der Kanal aus dem 19. Jh. verbindet mehrere
Seen und überwindet 99 m Höhenunter-
schied mit Schleusen und fünf geneigten
Ebenen. Dort werden die Schiffe auf einen Schienenwagen verladen und mit
einems Aufzug zum nächsten Gewässer
befördert. Interessant und schön ist
die elfstündige, 82 km lange Fahrt von
Elbląg (Elbing) nach Ostróda (Osterode).
Man kann die Fahrt auch schon nach
37 km in Małdyty beenden. *Abfahrt
Ostróda oder Elbląg 8 Uhr | 40–95 Zł.
Żegluga Ostródzko-Elbląska | Ostróda | ul.
Mickiewicza 9 a | Tel. 8 96 46 38 71 | www.
zegluga.com.pl | www.um.ostroda.pl*

Fünf solcher „Rutschen" über Land
besitzt der Oberländische Kanal

KRUTYNIA (KRUTINNA)
(136–137 C–D3) *(⌖ J2)*
Die Kajakroute auf der Krutynia gehört
zu den schönsten in Polen. Die 91 km

lange Strecke führt durch mehrere Naturreservate. Man kann sich Kajaks und
Kanus auch tageweise in Ukta und Krutyń
leihen *(Verband der Bootsfremdenführer
auf der Krutynia „Pelikan" | Krutyń 4 |
Handy 6 00 42 78 68 | www.krutynia.com.
pl)*.
2 km von Krutyń entfernt finden Sie in
Gałkowo einen historischen INSIDER TIPP
Gasthof mit Pension. Im 1. Stock befindet

sich seit 2007 der „Salon Marion Dönhoff", wo anhand von Büchern, Ton- und Bilddokumenten der großen Publizistin gedacht wird, die als Kind hier in der Nähe zur Schule ging. *Gałkowo 46 | Tel. 8 74 25 70 73 | www.galkowo.pl*

INSIDER TIPP ŁAŃSK (STABIGOTTEN)
(136 C3) (*⌀ H–J2*)

20 km südlich von Olsztyn – links in Richtung Stawiguda abbiegen – erstreckt sich ein einmaliges Wald- und Seengebiet. Ihrer Abgeschiedenheit als geschlossenes Terrain für Parteifunktionäre des ehemaligen Volkspolens verdankt die Gegend eine urwüchsige Natur.

MIKOŁAJKI (NIKOLAJKEN)
(137 D3) (*⌀ J2*)

88 km östlich von Olsztyn hat sich das Fischerdorf (3 800 Ew.) zum Fremdenverkehrsort mit Hafen für Segelboote und die Weiße Flotte, die auf den Masurischen Seen Ausflügler transportiert, entwickelt. Die *Masurische Seenplatte* ist eine einzigartige Landschaft mit 3000 größeren und ungezählten kleineren Seen. Große Teile davon sind Naturschutzgebiete mit seltenen Pflanzen, Wasservögeln und anderen Tieren. Ein Paradies für Naturfreunde, Wanderer und Wassersportler. Sicher vor Schlechtwetter sind Sie im Megahotel *Gołębiewski (652 Zi. | ul. Mrągowska 34 | Tel. 8 74 29 07 01 | www.golebiewski.pl | €€€)*, wo u. a. Golf, Kutschfahrten, ein Erlebnisbad, eine Eislaufbahn, Spielsalons und Kegelbahnen geboten werden.

ŚWIĘTA LIPKA (HEILIGELINDE) ●
(136 C3) (*⌀ J2*)

80 km nordöstlich von Olsztyn ragen die prachtvollen Doppeltürme der barocken Wallfahrtskirche (17. Jh.) in den Himmel. Schöne Laubengänge und eine barocke Orgel mit beweglichen Figuren bereiten Vergnügen. *Kurze Orgelkonzerte Mai–Sept. stdl. 9.30–17.30 Uhr, Okt.–April 10, 12, 14 Uhr*

WILCZY SZANIEC (WOLFSSCHANZE)
★ (137 D2) (*⌀ J2*)

100 km nordöstlich von Olsztyn liegt bei Gierłoż (Görlitz) das 1940 erbaute Hauptquartier Hitlers. Heute sind noch Mauerreste der 6 m dicken Bunkerwände zu sehen, darunter die sogenannte Lagerbaracke, in der Graf Stauffenberg am 20. Juli 1944 das missglückte Attentat auf den Diktator verübte. *Wilcze Gniazdo | Gierłoż | tgl. 9 Uhr bis Dämmerung | www. wolfsschanze.pl*

SZCZECIN (STETTIN)

(134 B4) (*⌀ D2*) **Nur 140 km von Berlin entfernt und mit der neuen Ostseeautobahn bequem erreichbar, liegt am Oderdelta die Hauptstadt Westpommerns. Für alle, die von Norden nach Polen reisen, ist Szczecin (416 000 Ew.) meist die erste Begegnung mit Polen.**

Die Grenzlage ist es auch, die den Aufschwung antreibt: In Szczecin befinden sich der Sitz der Euroregion „Pomerania" und das Hauptquartier des Multinationalen Corps Nordost der NATO. Noch vor wenigen Jahren bot die viertgrößte Werft der Welt Tausenden Arbeit. Die großen Aufträge gehen inzwischen an die billigere asiatische Konkurrenz, und Stettin kämpft mit einem Heer von arbeitslosen Werftarbeitern. Seit dem Umbruch verändert sich das Stadtbild rasant. Plattenbauten, sozialistische Bausünden und vereinzelte Baudenkmäler wachsen durch Restaurierung und Rekonstruktion ganzer Straßenzüge zu einem einheitlichen Stadtbild zusammen. Diese Zeitzeugen erinnern an die wechselvolle Geschichte der Stadt: In der Vergangenheit befand sich Stettin in dänischer, deutscher, schwedischer und preußischer Hand, während der Napoleonischen Kriege diente die Stadt als französische Festung.

SEHENSWERTES

KOŚCIÓŁ ŚW. JAKUBA (JAKOBIKIRCHE)

200 Jahre dauerte der Bau der größten Kirche Pommerns, in der 10 000 Menschen Platz haben. Vor dem Dom hängt die 6 t schwere, 1682 gegossene Glocke. Sie wurde, nachdem sie 200 Jahre als verschollen galt, bei Restaurierungsarbeiten in einer Mauer des Doms gefunden. Toll der **INSIDER TIPP** Blick vom Kirchturm! *pl. Św. Jakuba 5*

WAŁY CHROBREGO (HAKENTERRASSE)

Versäumen Sie nicht, Stettins Prachtpromenade am Ufer der Oder entlangzuschlendern und den Blick auf den Hafen zu genießen. Die Promenade ist einen halben Kilometer lang und von repräsentativen Gebäuden aus der Gründerzeit gesäumt.

ZAMEK KSIĄŻĄT POMORSKICH (HERZOGSCHLOSS)

Hoch über der Oder thront das Wahrzeichen der Stadt, weithin sichtbar durch die helle Fassade im Stil der italienischen Renaissance. Nach dem Krieg wurde das schwer beschädigte Schloss originalgetreu wieder aufgebaut. Die einstige Residenz der Pommerschen Herzöge ist heute ein kulturelles Zentrum, das u. a. ein **INSIDER TIPP** Forum zeitgenössischer Kunst beherbergt. 60 m hoch ist der Uhrturm, von dem aus man ein herrliches Stadtpanorama genießt. *Di–So 10–18 Uhr | ul. Korsarzy 34 | www.zamek.szczecin.pl*

Bildhübsch restaurierte Fassade am Stettiner Rathausplatz

Ganz schön viel Badebetrieb, aber der Strand von Swinemünde ist lang und breit genug

ESSEN & TRINKEN

CHRISTOPHER COLUMBUS ✂

In dem Restaurant am Ende der Haken-terrasse wird polnische und maritime Küche geboten; schön ist der Ausblick auf die Oder und den Hafen. *ul. Wały Chrobrego 1 | Tel. 9 14 89 34 01 | www. walychrobrego.com | €€*

KARCZMA POD KOGUTEM

Von außen eher unscheinbar, drinnen aber ein stimmungsvoller Landgast-hof mit polnischen Speisen und Mu-sik. **INSIDER TIPP** ▶ Große Portionen. *pl. Lotników 3 | Tel. 9 14 34 68 73 | www. karczmapodkogutem.pl | €–€€*

NA KUNCU KORYTARZA

„Am Ende des Korridors" im Schloss schlemmen Sie altpolnisch. *ul. Korsarzy 34 (Eingang H) | Handy 6 01 73 23 00 | www.nakuncu.pl | €€*

AM ABEND

Zum Warm up geht's in die „Thermos-kanne". So wird das Pazim-Bürohaus sei-ner Form wegen genannt. Darin befindet sich das Radisson Hotel und im 22. Stock das ✂ Cafe 22, von dem aus man einen tollen Blick hat *(tgl. ab 12 Uhr | pl. Rodła 10)*. Wer Lust auf Kunst und Livejazz hat, geht ins *Brama Jazz Cafe (tgl. | pl. Hołdu Pruskiego 1 | www.brama.szczecin.pl)*.

ÜBERNACHTEN

HOTEL FOCUS ☆

Zentrales Hotel in historischem Gebäude am Beginn der Hakenterrasse. Schöner Blick auf den Hafen, die Altstadt – und leider auch die Stadtautobahn. *70 Zi. | ul. Małopolska | Tel. 9 14 33 05 00 | www. hotelfocus.com.pl | €€–€€€*

PARK HOTEL

Elegantes Hotel in einem Park mitten in der Stadt; großes Wellnessangebot. *32 Zi. | ul. Platanowa 1 | Tel. 914 34 00 50 | www.parkhotel.szczecin.pl | €€€*

VICTORIA

Das traditionsreiche Hotel zwischen Hauptbahnhof und Zentrum bietet einen originellen Frühstücksraum, der mit allerlei Kuriosa und antiquarischen Stücken das alte Stettin aufleben lässt. *39 Zi. | pl. Stefana Batorego 2 | Tel. 9 14 34 38 55 | www.hotelvictoria.com.pl | €€*

AUSKUNFT

ZENTRUM INFORMACJI TURYSTYCZNEJ

Ul. Jana z Kolna 7 | Tel. 9 14 34 04 40 | www.szczecin.eu; Filialen am Hauptbahnhof und im Schloss

ZIELE IN DER UMGEBUNG

KAMIEŃ POMORSKI (CAMMIN)

(134 B3) (*D2*)

Der Kurort (10 000 Ew.) liegt 45 km nördlich von Stettin. Sein Prunkstück ist die romanisch-gotische *Bischofskathedrale* mit ihrer 10 m hohen Barockorgel von 1669 *(Konzerte Fr 19, Juli/Aug. tgl. 13, 17 Uhr)*. Im Presbyterium links befinden sich zwei Originalbilder von Lucas Cranach d. Ä. aus dem 16. Jh. Für einen Augenblick der Ruhe kehren Sie ins INSIDER TIPP *Lapidarium* ein, ein gotisches Atrium mit romantischem Kräutergarten und einer 500 Jahre alten Eiche. Übernachten Sie im *Hotel Staromiejski* mit Blick aufs Haff *(38 Zi. | ul. Rybacka 3 | Tel. 9 13 82 26 44 | www.hotel-staromiejski.pl | €)*.

ŚWINOUJŚCIE (SWINEMÜNDE) ●

(134 B3) (*D2*)

95 km nördlich von Stettin liegt die Stadt auf einem Archipel aus 44 Inseln. Das milde Reizklima, ihre Solequellen und Moorbäder machten sie schon im 19. Jh. zu einem beliebten Kurort. Heute gewinnt die ehemalige „Badewanne Berlins" mit der Grenze zu Deutschland und den Fähren aus Dänemark und Schweden immer mehr an Flair. Hier finden Sie den längsten Sandstrand Polens. Angenehm, dass die Ostsee hier besonders warm ist. Sehenswert ist die alte preußische Wehranlage aus dem 19. Jh. Sie besteht aus den drei Forts *Anioła* und *Zachodni* auf der Insel Uznam sowie *Wschodni (Gerharda)* auf der Insel Wollin. Dort finden man viele Ausstellungen, Konzerte etc. statt *(www.westbatterie.prv. pl)*. Vom 150 Jahre alten und mit 65 m größten ☆ *Leuchtturm* Europas auf Wollin können Sie 46 km weit schauen. Unter den vielen Hotels sticht das sehr persönlich geführte INSIDER TIPP *Stella Maris* in Międzyzdroje (Misdroy) hervor *(ul. Bohaterów Warszawy 13 | Tel. 9 13 28 04 81 | www.villastella-maris.de | €€)*. Auskunft: *Informacja Turystyczna | pl. Słowiański 6/1 | Tel. 9 13 22 49 99 | www.swinoujscie.pl*

WOLLINER NATIONALPARK ★

(134 B3) (*D2*)

40 km Wanderpfade führen durch den 120 km² großen *Woliński Park Narodowy* mit grandiosen Landschaften: Bis zu 95 m hohe ☆ Kreidefelsen, Buchenwälder, Eiszeitseen. Im Schutzgebiet sind viele seltene Tiere beheimatet. *www.wolinpn.pl*

RUND UM POSEN

Was wäre, wenn die biblische Eva aus Posen stammte? Nichts. Die Menschheit wäre verloren. Denn eine Eva aus Posen hätte den Apfel nicht gegessen, sondern geschält und eingeweckt. Schluss, aus. Diese Scherzfrage illustriert treffend den Ruf, den die Posener und auch die Großpolen im Land genießen. Sie werden die Preußen Polens genannt; ihnen wird nachgesagt, besonders gewissenhaft, pünktlich, fleißig und ordentlich zu sein. Gewiss haben die Teilungen Polens und die beinahe einhundertfünfzig Jahre andauernde Herrschaft Preußens hier ihre Spuren hinterlassen. Aber entscheidend für die starke regionale Identität der Bewohner Großpolens (Wielkopolska) ist wohl eher die Tatsache, im Kern- oder Keimland des polnischen Staates zu le-

ben. Hier nahm der Prozess der Staatswerdung Polens mit der Annahme des Christentums durch den ersten Herrscher Mieszko I. im Jahr 966 seinen Anfang. Schon zwei Jahre später gab es in Posen das erste Bistum, und im Jahr 1000 weihte man im neuen Erzbistum Gnesen bei Posen eine gewaltige Kathedrale, den zukünftigen Krönungsort der ersten polnischen Könige.

Nicht zuletzt schöpfen die Bewohner von Wielkopolska ihr starkes Selbstbewusstsein aus der Tatsache, dass ihre Region über das größte wirtschaftliche Potenzial landesweit verfügt. Hier ist der Durchschnittsverdienst hoch und die Arbeitslosenquote gering. Auch als Kornkammer des Landes hat die Region eine lange Tradition. Am stärksten jedoch wird Groß-

Bild: Orgel der Pfarrkirche St. Stanisław in Posen

An Polens Wiege: Bei der Entwicklung des Landes in eine moderne Zukunft spielen Wielkopolska und Poznań eine Vorreiterrolle

polen mit dem Handel assoziiert. Posen und die gesamte Region haben seit jeher von ihrer Lage an uralten Handelswegen profitiert. Daher ist das Straßen- und Eisenbahnnetz in und nach Großpolen besonders gut ausgebaut.

Die Landschaft von Wielkopolska haben skandinavische Gletscher geprägt. Sie hinterließen im bewaldeten westlichen und nördlichen Teil zahlreiche Seen. Sanfte Hügel und kleinere Erhebungen prägen hier eine liebliche Landschaft. Während sich der westliche und nördli-

che Teil der Region durch die Schönheit seiner Natur auszeichnet, hat im Osten und Süden der Mensch die Kulturlandschaft geprägt, Zeugnisse dafür sind eindrucksvolle gotische und barocke Bauwerke. Besonders wertvoll sind auch die romanischen Architekturdenkmäler zwischen Posen, Gniezno (Gnesen) und Kruszwica. Zahlreiche sorgfältig restaurierte prunkvolle Paläste und Herrenhäuser südlich von Posen zeugen darüber hinaus vom einstigen Wohlstand des einst hier ansässigen Adels.

Straßencafés und -restaurants vor restaurierten Fassaden auf dem Marktplatz von Posen

POZNAŃ (POSEN)

(142 B4) (𝖔 F4) Die Bedeutung Posens (600 000 Ew.) als internationaler Messestandort bestimmt die Ausstrahlung der Stadt und hat eine lange Tradition. Bereits ein Jahr nach der Stadtgründung nach dem Magdeburger Recht wurde 1254 das erste Handelsprivileg erlassen.

> **🏙 WOHIN ZUERST?**
> **Stary Rynek (Marktplatz):**
> Zug- und Busbahnhof befinden sich westlich der Altstadt. Wer mit dem Auto kommt, stellt es am besten auf dem bewachten Parkplatz in der bahnhofsnahen Aleja Niepodległości 36 ab. Vom Bahnhof laufen Sie auf der schnurgeraden Święty Marcin in ca. 15 Min. bis zur ul. Szkolna, die Sie links zum Marktplatz von Posen führt.

In der Folgezeit entwickelte sich Posen zu einem bedeutenden mitteleuropäischen Handelszentrum. Bald nach dem Zweiten Weltkrieg knüpften die Posener an die alte Handelstradition der Stadt an und gründeten 1947 die „Internationale Messe Posen". Sie war zur kommunistischen Zeit neben Leipzig der wichtigste Ost-West-Umschlagplatz. Heute werden hier jährlich rund 40 große Fachmessen organisiert, drei Viertel der Aussteller kommen aus der EU. Die Internationalität Poznańs, die Mitte des 19. Jhs. auf die Eisenbahnanbindung nach Stettin, Berlin und Breslau zurückzuführen war und heute vor allem auf der weltweiten Vernetzung durch die Messe beruht, bedeutet für die Stadt einen enormen Standortvorteil. Zahlreiche internationale Banken und ausländische Investoren haben sich hier niedergelassen, der größte ist VW. Auch auf andere Weise profitiert die Stadt von ihrer Offenheit und Internationalität, als Zentrum für Wissenschaft und Forschung.

Polens Boomtown ist eine Stadt mit einem vielfältigen und innovativen kulturellen Leben. Erholung findet man in den zahlreichen Grünanlagen. Zu den beliebtesten zählen der *Botanische Garten*, das *Palmenhaus* sowie das 100 ha große *Parkareal rund um die Zitadelle* mit den **INSIDER TIPP** berühmten Skulpturen der international renommierten Künstlerin Małgorzata Abakanowicz, Werke aus natürlichen Materialien von beeindruckender Monumentalität und großartiger Ausdruckskraft.

SEHENSWERTES

ALTSTADT ⭐
Eines der schönsten Renaissancegebäude Europas steht auf dem mittelalterlichen Marktplatz *Stary Rynek* im Herzen der Stadt – das von dem italienischen Meister Giovanni Baptista di Quadro Mitte des 16. Jhs. erbaute *Rathaus.* Auf dem Rathausturm sind Schlag zwölf Uhr mittags zwei kämpfende Ziegenböcke zu sehen. Der Legende nach stürzte sie ihr Zwist ins Unglück bzw. in einen unter ihnen fließenden Bach. Das Motiv findet sich als Mahnung auch im Posener Wappen. Neben dem Rathaus stehen die *Tuchhallen* aus dem 14. Jh. und die *Krämerhäuser* mit ihren charakteristischen Laubengängen aus dem 15. und 16. Jh. Repräsentative Bürgerhäuser aus verschiedenen Epochen umgeben den Markt, darunter das *Palais der Familie Działyński* (1808). Seit 1915 erinnert die Brunnenfigur „Bamberka" auf der westlichen Seite des alten Rathauses an den Dreißigjährigen Krieg: Die Bevölkerung Großpolens war dezimiert, und der Posener Rat bot Immigranten aus dem Raum Bamberg eine neue Lebensgrundlage an.

Vom Markt führt die Seitengasse *ul. Gołębia* zur dreischiffigen Basilika der *St.-Stanisław-Pfarrkirche*, einer Perle des polnischen Barock, die mit ihrer knallroten, doppeltürmigen Fassade diesen Teil der Altstadt dominiert.

DOMINSEL
Östlich der Altstadt liegt die Dominsel *Ostrów Tumski*, der älteste Stadtteil Posens. Die Anfänge der erzbischöflichen *St.-Peter-und-Paul-Domkirche*, des ältesten Baudenkmals der Stadt, gehen auf die Gründung des Posener Bistums im Jahre 968 zurück. Heute befinden sich dort die Gräber von Polens Gründungsherrschern Mieszko I. und Bolesław I., genannt der Tapfere. Südlich des Doms, im spätgotischen *Psaltergebäude*, wurden früher die Sänger des Kathedralenchors

⭐ **Altstadt Posen**
Ein lebendiges Ensemble schöner alter Bürgerhäuser und Krämerläden mit einer Perle der Renaissance in der Mitte – dem Posener Rathaus → S. 51

⭐ **Malta**
Erholung und Spaß im Sport- und Freizeitzentrum am Stausee mit Skifahren und Rodeln zu jeder Jahreszeit → S. 53

⭐ **Kórnik**
Das einzig erhaltene Magnatenschloss mit originaler Ausstattung und großer Bibliothek inmitten des größten dendrologischen Parks Polens → S. 56

⭐ **Toruń (Thorn)**
Das Altstadtensemble der Geburtsstadt von Nikolaus Kopernikus mit seiner originalen mittelalterlichen Anlage zählt zum Unesco-Weltkulturerbe → S. 57

MARCO POLO HIGHLIGHTS

untergebracht. Daneben befindet sich die kleine *Kirche der hl. Jungfrau Maria.* Der spätgotische Bau (1431–47) steht wahrscheinlich an der Stelle der ca. 965 von Dobrawa, der Gattin von Mieszko I., gestifteten Burgkapelle. Nördlich davon sieht man den Renaissancebau der *Lubrański-Akademie,* der ersten höheren Schule Posens, 1518 gegründet.

INSIDER TIPP ▶ MODELL POSENS AUS DEM 17. JH.

Im Kellergewölbe des *Franziskanerklosters (Klasztor oo. Franciszkanów)* befindet sich eine Nachbildung Posens vom Anfang des 17. Jhs. Die historische Rekonstruktion im Maßstab 1:150 hat eine Größe von über 50 m². Ein zweites Modell zeigt Posen im 11. Jh. und ein drittes nur den Marktplatz. Eine (auch auf Deutsch) kommentierte Licht- und Ton-Show dauert ca. 30 Minuten. *Tgl. 11 Vorführungen: 9.30–17 Uhr | 14 Zł. | Góra Przemysława, Eingang ul. Ludgardy | www.makieta.poznan.pl*

ZENTRUM

Das heutige Zentrum erstreckt sich vom *plac Wolności (Freiheitsplatz)* bis zum *plac Mickiewicza (Adam-Mickiewicz-Platz).* Viele Gebäude aus dem 19. und vom Anfang des 20. Jhs. verleihen der von dem deutschen Architekten David Gilly konzipierten „Neustadt" ihren gediegenen Charakter. Neben zahlreichen Kirchen findet man hier das *Nationalmuseum,* die *Raczyński-Bibliothek* und die *Oper (Teatr Wielki).* Auf dem Adam-Mickiewicz-Platz erinnert seit 1981 ein monumentales *Mahnmal* an den ersten großen antikommunistischen Arbeiteraufstand in Polen, der 1956 in Posen ausgebrochen war. Der im 19. Jh. entworfene Platz gehört zu den renommiertesten Adressen der Stadt: Hier befinden sich viele öffentliche Gebäude, darunter das *Collegium Minus* im holländischen Renaissancestil (heute Adam-Mickiewicz-Universität), das *Collegium Maius* (heute Medizinische Akademie) und das neoromanische *Kaiserschloss* (heute Kulturzentrum

Mahnmal für den Arbeiteraufstand von 1956 auf dem Adam-Mickiewicz-Platz

Zamek). Das relativ „junge" Schloss ist ein Paradebeispiel für Preußens Hinterlassenschaften im Stadtbild Posens. Das monumentale Gebäude wurde als Residenz für Kaiser Wilhelm II. in den Jahren 1904–10 erbaut.

ESSEN & TRINKEN

BAR AVANTI

Direkt am Alten Markt gelegen, ausgezeichnet als bestes Fast-Food-Restaurant Wielkopolskas, mit äußerst preiswerten Nudelgerichten in asketischem Ambiente. *Stary Rynek 76 | Tel. 6 18 52 32 85 | www. avanti.poznan.pl | €*

GOSPODA MŁYŃSKIE KOŁO ☺

Ein großes, rustikales, gemütliches Holzhaus mit Kamin, landschaftlich reizvoll an einem Weiher gelegen, mit regionaler und altpolnischer Küche. Alle Zutaten kommen so frisch wie möglich aus dem Umland. Auf Vorbestellung gibt's Spanferkel. Ca. 15 km vom Zentrum Posens. *ul. Browarna 37 | Tel. 6 18 78 99 35 | www. mlynskiekolo.pl | €€*

LUDWIKU DO RONDLA

Ludwiku do rondla! heißt im Polnischen so viel wie „ab in die Küche!". In dieser werden polnisch-jüdische Klassiker zubereitet, u. a. Karpfen in Aspik und süßsauer marinierter Hering, Geflügelmagen in Currysoße und *Czulent,* ein Schmortopf aus Rindfleisch und Gemüse. Gemütliches Ambiente! *ul. Woźna 2/4 | Tel. 6 18 51 66 38 | €€*

NOWA BAŻANCIARNIA

Üppig ausgestattetes Restaurant am Alten Markt mit guter Wildkarte. Innendesign und Rezepte stammen von Magda Gessler, Polens bekanntester Gastronomin. *Stary Rynek 94 | Tel. 6 18 55 33 58 | www.bazanciarnia.pl | €€–€€€*

EINKAUFEN

Mit seinen zahlreichen Einkaufszentren, Läden und schicken Boutiquen macht Posen heute seiner Tradition als Handelsstadt wieder alle Ehre: Eine prominente Adresse ist das Handels-, Kunst-, und Businesszentrum ● *Stary Browar* auf dem Gelände einer alten Brauerei *(ul. Półwiejska 42 | www.starybrowar5050. com).* Dort finden Sie angesagte Modeadressen und moderne Kunst in stilvollem Ambiente.

Als Gegenstück ist auch ein Warenhaus im sozialistischen Stil sehenswert: Es ist rund und heißt *Okrąglak* (etwa Rundhaus) und wurde im Geist der konstruktivistischen Architektur der 1950er-Jahre errichtet *(ul. 27-go grudnia/ul. Mielżyńskiego).*

FREIZEIT & SPORT

MALTA ★

Der *Jezioro Maltańskie* ist ein 64 ha großer Stausee im Westen der Stadt. Hier können Sie mit einem Ausflugsdampfer schippern oder mit der Schmalspurbahn „Maltanka" durch den Park zum neuen Posener Zoo fahren. Am Nordufer öffnen die *Malta-Thermen* mit olympischem Hallenbad, Wasserrutschen, künstlichem Wildfluss und Wellen sowie geothermischen Außenbecken *(www.termymaltans kie.com.pl).*

Ganzjährig geöffnet ist das Sport- und Erholungscenter *Malta-Ski* am Südufer. Die größte Attraktion ist die (auch im Sommer geöffnete) Abfahrtstrecke von 150 m. Auch wurde eine 560 m lange Sommerrodelbahn eingerichtet. Günstig übernachten kann man auf dem Vier-Sterne-Campingplatz *Camping Malta nr. 115* und im *Hotel Malta* (62 Zi. *| ul. Krańcowa 98 | Tel. 6 18 76 61 55 | www. posir.poznan.pl | €–€€).*

AM ABEND

Wo steppt der Bär? Eindeutig rund um den Alten Marktplatz *(Stary Rynek).* Klubs mit jeder erdenklichen Art von Musik, ob live oder mit DJ, für jeden Geschmack, jedes Alter und Portemonnaie etwas. Empfehlenswert im Zentrum ist der *Blue Note Jazz Club* im Kaiserschloss (Zamek) mit Livemusik, nicht nur Jazz *(tgl. 19–2 Uhr | ul. Kościuszki 76/78 | www.bluenote.poznan.pl).* In der Nähe der Universität und als Studententreff sehr beliebt ist der *Klub w Starym Kinie (Club im alten Kino),* wo auf zwei Etagen Filme gezeigt werden, Musik gespielt und getanzt wird *(tgl. | ul. Nowowiejskiego 8).*

Wer ganz klassisch abtanzen möchte: Angesagt ist die Diskothek *Room 55* in Kellergewölben am Altstädtischen Marktplatz *(Mo–Do, So bis 24, Fr/Sa bis 2 Uhr | Stary Rynek 80/82 | www.room55.pl).*

Interessant sind die beiden renommierten Posener Theater: das *Polnische Tanztheater (Polski Teatr Tańca | ul. Kozia 4 | Tel. 6 18 52 42 41/-42 | www.ptt-poznan.pl)* und das experimentelle `INSIDER TIPP ▶` **Theater des 8. Tages** *(Teatr ósmego dnia | ul. Ratajczaka 44 | Tel. 6 18 55 20 86 | www.osmego.art.pl).*

Für Liebhaber klassischer Unterhaltung empfehlen sich die *Philharmonie (Filharmonia | ul. Św. Marcin 81 | Tel. 6 18 52 47 08 | www.filharmoniapoznanska.pl)* und die *Oper (Teatr Wielki im Stanisława Moniuszki | ul. Fredry 9 | Tel. 6 16 59 02 00 | www.opera.poznan.pl).*

LOW BUDGET

▶ Die Posener *City Card* berechtigt zur kostenlosen Nutzung aller städtischen Verkehrseinrichtungen. Darüber hinaus freier Eintritt in Museen u. Ä., Rabatte in Restaurants, Kinos, Oper etc.; Preise inkl. kleiner Fremdenführer: 1-Tageskarte 35 Zł., für 2 Tage 49 Zł., für 3 Tage 59 Zł. Für touristische Ziele in der Umgebung ist die Karte jeweils einen Tag länger gültig. In allen Filialen des Städtischen Informationszentrums für Touristik sowie in einigen Hotels.

▶ Nur 50 Zł. (ca. 13 Euro) kostet ein Bett im zentral gelegenen *Melody Hostel* in Posen, dessen Räume musikalische Motive variieren *(Stary Rynek 67, Eingang Kozia 16 | Tel. 6 18 51 60 60 | www.melodyhostel.pl).*

▶ Die Hinweise „Bar mleczny" oder „Obiady domowe" deuten meist auf gutes, preiswertes Essen (Hauptgericht 10–20 Zł.). Überall in Posen, viele in der Altstadt.

ÜBERNACHTEN

Während der Messen sind die Hotels in der Regel um ein Drittel teurer, am Wochenende oft ein Drittel billiger.

HOTEL BROVARIA

Direkt am Alten Markt in einem historischen Bürgerhaus gelegenes kleines Hotel im nostalgischen Stil, mit angeschlossener Brauerei, Bierkeller und originellen Gerichten. *16 Zi., 1 Apt. | Stary Rynek 73–74 | Tel. 6 18 58 68 68 | www.brovaria.pl | €€*

NH POZNAŃ

Wie bei den Häuser der internationalen NH-Kette üblich, wohnen Sie modernkomfortabel und genießen ein opulentes Frühstücksbüfett. *186 Zi. | ul. Św. Marcin 67 | Tel. 6 16 24 88 00 | www.nhpoznan.pl | €€*

HOTEL VIVALDI

Im Zentrum, aber sehr ruhig im Park unweit der Zitadelle gelegenes modernes Hotel, gute Verkehrsanbindung. *48 Zi. | ul. Winogrady 9 | Tel. 6 18 58 81 00 | www.vivaldi.pl | €€€*

Sie sind liebevoll und sorgfältig mit originalem Werkzeug und Gebrauchsgegenständen ausgestattet *(Di–So 9–18, im Winter 9–17 Uhr | Dziekanowice 23 | www.lednicamuzeum.pl)*. Im See liegt die Insel *Ostrów Lednicki* mit vorroma-

Windmühlen im Freilichtmuseum Wielkopolski Park Etnograficzny

AUSKUNFT

CIM (CENTRUM INFORMACJI MIEJSKIEJ)

ul. Ratajczaka 44 | Arkadia | Tel. 6 18 51 96 45 | www.cim.poznan.pl

ZIELE IN DER UMGEBUNG

DZIEKANOWICE (142 C3) (⟁ F3–4)

Nördlich der Strecke Poznań–Gniezno, ca. 35 km von Posen, liegt am Lednicki-See der *Wielkopolski Park Etnograficzny*, auf dessen Gelände ein großpolnisches Dorf aus dem 19. Jh. rekonstruiert wurde. Die meisten der 73 Exponate sind Originalhäuser aus Dörfern der Region, die im Park wieder aufgebaut wurden.

nischen Ruinen, zu der man per Boot übersetzen kann *(15. April–31. Okt.)*. Das Freilichtmuseum und die Insel sind Teile des *Museums der Ersten Piasten (Muzeum Pierwszych Piastów | Di–Sa 9–18, So 10–18 Uhr, im Winter kürzer | Eintritt 12 Zł. für Museum und Insel)* am Ufer des Sees. Eine wahre Perle inmitten dieser Landschaft ist ein Hotel mit Restaurant in einem Landschlösschen in der Nähe. An der Strecke Gniezno–Bydgoszcz, Abfahrt Rogowo, liegt im Ort *Grochowisko Szlacheckie* bei Biskupin das **INSIDER TIPP** *Restauracja-Hotel Pałacow* wunderschön in einem Park, geschmackvoll eingerichtet, mit einer vorzüglichen regionalen Küche *(8 Zi. | Tel. 05 23 02 70 01 | www.palac-grochowiska.com.pl | €€€)*.

GNIEZNO (GNESEN)

(142 C3–4) (*ØØ F3–4*)

Gniezno (70 000 Ew., 50 km nordöstlich von Posen) ist als die erste Hauptstadt Polens in die Landesgeschichte eingegangen. Das heutige Stadtbild im Zentrum zeichnet sich durch eine einheitliche Architektur der kleinen, charmanten Bürgerhäuser aus. Auf einem kleinen Hügel unweit des Alten Markts liegt der *gotische Dom (Mo–Fr 9–17 Uhr)* aus dem 14./15. Jh. Er steht an der Stelle der Kirche, die Mieszko I. nach seiner Taufe 966 einst errichten ließ. Von dieser erhalten geblieben ist nur das *Gnesener Tor.* Auf dem bronzenen Portal, das zu den Meisterwerken romanischer Kunst in Polen zählt, werden in ausdrucksstarken Szenen das Leben und der Tod des heiligen Adalbertus geschildert. Der ☙ Turmaufstieg eröffnet eine weite Aussicht, das *Erzbischöfliche Museum*

(Muzeum Archidiecezji | tgl. 9–16 Uhr, im Winter Mo geschl. | ul. Kolegiaty 2 | www.muzeumag.pl) birgt das 1000-jährige „Goldene Gnesener Manuskript", eine kostbare, illustrierte Handschrift.

In der Fußgängerzone in der Nähe des Kathedralplatzes verbindet sich in dem alten Gemäuer des *Hotels Gniezno* polnische Gastfreundschaft mit einer modernen Ausstattung *(54 Zi. | ul. Chrobrego 3 | Tel. 6 14 26 14 97 | www.pietrak.pl | €€). www.turystyka.powiat-gniezno.pl*

KÓRNIK ★ (142 B5) (*ØØ F4*)

Die neugotische Adelsresidenz, ca. 20 km südlich von Posen, gehört zu den wenigen vollständig erhaltenen ihrer Art. Sie stammt aus dem 15. Jh. und wurde mehrfach umgebaut. Ihre heutige Gestalt stammt aus der Mitte des 19. Jhs. nach Entwürfen von Karl Friedrich Schinkel. Das Schloss beherbergt eine wertvol-

Imposanter Backsteinbau: der Artushof (Dwór Artusa) am altstädtischen Markt von Thorn

le Bibliothek mit 320 000 Bänden und ist mit originalem Interieur des 19. Jhs. ausgestattet. Es fehlt auch nicht der Schlossgeist – eine der früheren Besitzerinnen spukt hier als „Weiße Dame". Rund um die Residenz erstreckt sich der größte dendrologische Park Polens, angelegt im 18. Jh. Heute sieht man viele seltene Bäume und Sträucher aus Mitteleuropa. Zu den ältesten zählt die 300 Jahre alte Lindenallee, die vom Schloss nach Süden führt. *Schloss: Mai–Sept. Di–So 10–17, Okt.–April Di–So 10–16 Uhr | Kórnik | ul. Zamkowa 5 | www.bkpan.poznan.pl* Es gibt eine **INSIDER TIPP** Extra-Buslinie, die Kórnik mit Posen verbindet: *Linie 560 | 40 Min. Fahrzeit | 4,80 Zł. | www.kombus.com.pl*

TORUŃ (THORN) ⭐ (143 F1) (🗺 G3)

150 km nordöstlich von Posen liegt Thorn, das historische Altstadtensemble mit seiner originalen mittelalterlichen Anlage. Es zählt zum Unesco-Weltkulturerbe. Die Stadtgründung im 13. Jh. geht auf den Deutschen Ritterorden zurück. Am altstädtischen Markt steht das imposante gotische *Rathaus* mit seinem 🔅 40 m hohen Aussichtsturm, in dem sich das *Heimatmuseum* befindet. Am Markt steht auch das *Haus unterm Stern,* dessen barocke Innenräume das *Museum für fernöstliche Kunst* beherbergen *(Kamienica Pod Gwiazdą | Rynek Staromiejski 35 | Di–So 10–16 Uhr).* Alle Besucher zieht es ins Geburtshaus von Nikolaus Kopernikus, wo etliche von dem berühmten Astronomen benutzte Instrumente, dazu Dokumente und Bilder gezeigt werden *(Muzeum Kopernika | Di–So 10–16 Uhr | ul. Kopernika 15 | www.muzeum.torun. pl).* Während hier die sachliche Präsentation im Vordergrund steht, wird außerhalb der Museumsmauern die Marke „Kopernikus" gnadenlos vermarktet: Ob Lebkuchen, Wodka oder Stoffpuppe – auf fast allen Souvenirs Toruńs prangt das Konterfei des Wissenschaftlers.

Jenseits von Kitsch und Kommerz bleibt die mittelalterliche Architektur: Erhabene gotische Strenge vermittelt der *Dom des hl. Johannes des Täufers* – er ist einer der ältesten Sakralbauten der Region. Längs der alten Festungsmauern gelangen Sie zur *Ordensburg,* die 1454 von aufgebrachten Bürgern geplündert und angezündet wurde. Diese wollten die wachsenden Steuern, mit denen die Deutschen Ritter ihre Kriege finanzierten, nicht weiter hinnehmen. Die Aktion war der Auftakt zu einem langen Bürgerkrieg, der mit der Niederlage der Ritter endete – im Thorner Frieden anno 1466 wurde die Stadt und mit ihr weite Teile des Ordensstaats der Oberherrschaft des polnischen Königreich unterstellt. Die Ruinen der Burg bilden heute ein romantisches Open-Air-Ensemble, malerisch hoch über dem Fluss gelegen.

Eine anderes Toruń erleben Sie nördlich der Altstadt: **INSIDER TIPP** Das Museum für zeitgenössische Kunst CoCa, ein Backsteinneubau (2008), der eher an ein Einkaufszentrum denken lässt, musste gegen den Widerstand der katholischen Kirche durchgesetzt werden. Es beherbergt Werke von polnischen Künstlern, die im Westen noch zu entdecken sind, dazu ein Programmkino und eine Bühne *(Centrum Sztuki Współczesnej, Znaki Czasu | So–Mi 10–18, Do–Sa 10–20 Uhr | ul. Wały Gen. Sikorskiego 13 | www.csw.torun. pl).* In Gegensatz dazu steht das Freilichtmuseum *Skansen,* das mit seinen reetgedeckten Katen die Welt kujawischer Bauern von anno dazumal aufleben lässt *(Muzeum Etnograficzny | Di–So 10–19 Uhr | ul. Wały Gen. Sikorskiego 19).* Stilvoll übernachten und speisen können Sie in einem historischen Speicher, im *Hotel Spichrz (19 Zi. | ul. Mostowa 1 | Tel. 5 66 57 11 40 | www.spichrz.pl | €€).*

RUND UM WARSCHAU

CITY **WOHIN ZUERST?**

Warschau hat viele Zentren. Wer es historisch angehen will, startet in der rekonstruierten Altstadt, die in die etwas jüngere Neustadt übergeht. Beide liegen 3,5 km nordöstlich des Hauptbahnhofs *(Centralna)* und sind von dort z.B. mit dem Bus 175 erreichbar. Wer die Erkundung zu Fuß starten will, läuft vom Bahnhof über die Aleja Jerozolimskie zum Boulevard Nowy Świat und auf ihm links zur Altstadt.

Mazowsze (Masowien) nennt sich das Land an der Mittleren Weichsel rund um Warschau. Kleine und mittlere Städte wie Kazimierz, Płock oder Łowicz haben hier Interessantes zu bieten.

Fruchtbare Felder, von Kopfweiden gesäumte Flussläufe und ein Wald, der fast bis nach Warschau reicht, machen den Reiz der masowischen Landschaft aus. Auf keinen Fall sollte man sich auch das spannende Łódź entgehen lassen, und wer auf Natur pur steht, der sollte sich unbedingt auf den Weg zu den Wisenten, Elchen und Tarpanen in Europas letztem Urwald von Białowieża machen.

WARSCHAU

KARTE IM HINTEREN UMSCHLAG
(136 C6) *(ΩΩ J4)* **Warszawa** beeindruckt heute vor allem durch seine

---

Bild: Warschau, Kirche zum Heiligen Geist

Die wachsende Metropole beeindruckt durch ihre Gegensätze, und von ihr aus lassen sich reizvolle Teile des Landes entdecken

Schnelllebigkeit und sein ungezähmtes Wachstum.

Polens Hauptstadt ist eine Metropole im Werden. Überall schießen gläserne Bürohäuser, Hotels und Bankentürme gen Himmel, moderne Handelszentren nehmen hektargroße Flächen ein. Riesige Werbeplanen bedecken ganze Häuserfronten, ein Dschungel von Reklameschildern, das Pulsieren der Leuchttafeln – all das legt Zeugnis davon ab, wie sehr der Konsum inzwischen auch das polnische Alltagsleben beeinflusst.

Breite Straßen zerschneiden Warschau in alle Richtungen, und dennoch bilden sich morgens und nachmittags gewaltige Staus. Das Zentrum der Stadt erstickt buchstäblich am Autoverkehr. Wer einigermaßen schnell vorankommen will, ist gut beraten, das weit verzweigte Netz der Schnellstraßenbahn oder, wenn es gerade passt, die einzige U-Bahnlinie zu benutzen. Ein Meer von Plattenbauten bedeckt den überwiegenden Teil der Stadtfläche, prägt das Gesicht der Metropole. Hunderttausende von Menschen bewohnen diese Schlafstätten, kaufen ein auf Kleinmärkten, und bei Discountern wie *Biedronka,* dem polnischen Pendant zu Aldi und Lidl.

Warschau beeindruckt auch durch seine oft krassen Gegensätze. Wer die Altstadt mit ihren winkeligen, kopfsteingepflas-

man die bedeutendsten Museen Polens besuchen, hier erscheinen alle wichtigen Zeitungen des Landes, hier wird im Parlament und in den Behörden die polnische Politik gemacht, hier schließlich funktioniert die größte Wertpapierbörse Ostmitteleuropas.

Kitsch, Kunst und Cafés auf dem Marktplatz der Altstadt

terten Gässchen, den dicken, krummen Häuserwänden, den nach außen geöffneten Sprossenfenstern zum ersten Mal sieht, mag es zunächst nicht glauben. In Warschau jedoch ist fast alles neu, Kirchen, Paläste, auch die Altstadt. Man hat sie originalgetreu wieder aufgebaut nach der völligen Zerstörung der Stadt im Zweiten Weltkrieg. Es gibt angenehme Oasen der Ruhe in dieser aufstrebenden Metropole. Es sind vor allem die Parks im Zentrum der Stadt – Łazienki, Ujazdowski, auch der Botanische Garten. Heute ist Warschau der unumstrittene Mittelpunkt und mit seinen 1,7 Mio. Ew. die größte Stadt des Landes. Hier gibt es die meisten Studenten, die an mehr als fünfzig Hochschulen lernen, hier kann

Wer zum ersten Mal nach Warschau kommt, sollte sich durch den anfänglich ernüchternden Eindruck nicht täuschen lassen. Auf den zweiten Blick könnte sich daraus durchaus eine Liebe ergeben. Einen genauen Einblick ermöglicht auch der MARCO POLO Band „Warschau".

SEHENSWERTES

ALTSTADT UND NEUSTADT (STARE MIASTO/NOWE MIASTO)
(U B–C1) (𝄜 b–c1)

Die beiden „guten Stuben" der Warschauer wurden zwischen 1949 und 1953 detailgenau wieder aufgebaut. An der Świętojańska-Gasse in der ★ Altstadt, wo einst die reichen Warschauer

Kaufleute wohnten, befindet sich die *Kathedrale des hl. Johannes* aus dem 14. Jh. In der Krypta sind die Grabmäler vieler berühmter Polen zu sehen *(Krypta tgl. 10–13 und 15–17.30 Uhr)*. Der schöne *Marktplatz*, von Patrizierhäusern eingefasst, bietet die Gelegenheit, sich in eines der Straßencafés zu setzen und das bunte Treiben ringsherum auf sich wirken zu lassen. Durch die *Nowomiejska-Gasse* gelangen Sie zu der teilweise rekonstruierten Wehrmauer und zum *Neustädtischen Tor* mit der *Barbakane*, einem im 16. Jh. errichteten, vorgelagerten Zwinger.

Dahinter beginnt die Neustadt, wo einst weniger betuchte Handwerker zu Hause waren. Durch die *ul. Freta* gelangen Sie auf den malerischen *Neustädtischen Markt*, quer über den Markt führt der Weg an der weißen Sakramentskirche vorbei zur ✿ *ul. Kościelna*, in die man rechts einbiegen sollte, um einen Blick auf das „Multimediale Wasserspiel" am Ufer der Weichsel zu genießen. *Bus u. a. 180, 518, Plac Zamkowy | Zugang zur Neustadt durch die Altstadt*

COPERNICUS SCIENCE CENTER ●
(U D3) *(⬜ d3)*

Der riesige Bau am Ufer der Weichsel, ganz aus Glas und Stahl, beherbergt Polens bestes Wissenschaftsmuseum: Von der Mikro- bis zur Makromaterie, vom Schwarzen Loch bis zum Atom wird anschaulich all das erklärt, was die Welt zusammenhält. Außerdem gibt es ein Planetarium, in dem Besucher in die Welt der Sterne eingeführt werden. *Centrum Nauki Kopernik | Di–Fr 8–18, Sa/So 10–19 Uhr | Eintritt 25/16 Zł., Planetarium extra 23/18 Zł. | ul. Wybrzeże Kościuszkowskie 20 | www.kopernik.org.pl*

GETTO-GELÄNDE (U A1) *(⬜ a1)*

Die wichtigsten Erinnerungsorte an das Warschauer Getto, in das die deutschen Nationalsozialisten ab Ende 1940 knapp eine halbe Million Juden unter furchtbaren Bedingungen eingepfercht hatten, befinden sich in der Nähe des von Wohnhäusern umgebenen Platzes an der *ul. Zamenhofa*, wo sich das 1948 aufgestellte Denkmal der Getto-Helden erhebt. Es

---

MARCO POLO HIGHLIGHTS

soll an den im April 1943 ausgebrochenen Getto-Aufstand erinnern. Im Dezember 1970 machte der damalige deutsche Bundeskanzler Willy Brandt hier seinen berühmten Kniefall – in Erinnerung daran findet man eine Gedenktafel am Skwer Willy Brandta. Dominiert wird der Platz vom luftigen Bau des *Museums der Geschichte der Polnischen Juden (S. 64)*. Auf der *ul. Zamenhofa* gelangen Sie zur *ul. Stawki*. Das an der Ecke zur *ul. Dzika* (O) (𝄞 O) aufgestellte Portal markiert den ehemaligen Umschlagplatz, von dem die Todestransporte ins Vernichtungslager Treblinka abfuhren. *Bus 111, 180, Skwer Willy Brandta, Zamenhofa, Nalewki*

GRABSTÄTTE UND MUSEUM DES PRIESTERS JERZY POPIEŁUSZKO
(O) (𝄞 O)

Beamte der kommunistischen politischen Polizei SB haben den Arbeiterpriester Jerzy Popiełuszko im Oktober 1984 ermordet. Sein Grab an der Stanisław-Kostka-Kirche im Stadtteil Żoliborz ist heute ein Wallfahrtsort. *Mi–Fr 10–16, Sa/So 10–17 Uhr | freiwillige Spende am Eingang | ul. Kardynała Stansiława Hozjusza 2 | www.popieluszko.net.pl | Metro Plac Wilsona*

KÖNIGSSCHLOSS (ZAMEK KRÓLEWSKI) ★ (U C1–2) (𝄞 c1–2)

Seit Ende des 16. Jhs. offizieller Sitz der polnischen Könige. Während der Belagerung Warschaus durch deutsche Truppen 1939 nach Bombentreffern ausgebrannt, 1944 von den Nazis gesprengt, bis 1984 aus Spenden der Bevölkerung wieder aufgebaut. Hinter schlichter Fassade verbergen sich schöne Räumlichkeiten, wie das Marmorzimmer, der Senatorensaal, wo am 3. Mai 1791 Europas erste moderne Verfassung verabschiedet wurde, die Kapelle und der Canaletto-Saal mit eindrucksvollen Warschau-Porträts des italienischen Malers. Im Ostflügel öffnet eine Gemälde- und Skulpturengalerie, deren Inhalt die Gräfin Lanckoronska gesponsert hat, darunter sind zwei Bilder von Rembrandt. *Di–Sa 10–16, So 11–16*

Dank seiner exponierten Lage trotz schlichter Fassade beeindruckend: das Königsschloss

Uhr, letzter Einlass eine Stunde vor Ende | Eintritt 20/15 Zł. | pl. Zamkowy 4 | www.zamek-krolewski.com.pl | Bus u. a. 180, 518 Plac Zamkowy

KÖNIGSWEG (TRAKT KRÓLEWSKI)
(U C1–5) (⫩ c1–5)

Diese Prachtroute verbindet die Königsresidenz Wilanów im Süden Warschaus mit dem königlichen Łazienki-Park und dem Königsschloss in der Altstadt. Besonders zu empfehlen ist der letzte Abschnitt, beginnend am *Drei-Kreuze-Platz Plac Trzech Krzyży* mit der Alexander-Kirche in der Mitte. Sie überqueren das *Rondo de Gaulle* – das gewaltige graue Gebäude rechts ist der ehemalige Sitz des Zentralkomitees der Kommunistischen Partei, heute das „Herz" des polnischen Kapitalismus, der Sitz der Börse – in Richtung *Nowy Świat*, Warschaus eleganter Flanier- und Einkaufsmeile. An ihrem Ende überqueren Sie die *ul. Świętokrzyska* und gelangen geradeaus gehend am klassizistischen Staszic-Palais, dem Sitz der Akademie der Wissenschaften und dem Kopernikus-Denkmal vorbei auf die Straße *Krakowskie Przedmieście:* auf der linken Seite die Heiligkreuzkirche, schräg gegenüber das Haupteingangstor zur Warschauer Universität. Weiter auf der rechten Seite stoßen Sie auf das Radziwiłł-Palais, den Wohn- und Amtssitz der polnischen Staatspräsidenten. Am Denkmal des Nationaldichters Adam Mickiewicz vorbei gelangen Sie auf den Schlossplatz *Plac Zamkowy* mit der Sigismundsäule zu Ehren des Königs Sigismund III. Wasa, der Warschau zur Hauptstadt Polens gemacht hat.

KULTURPALAST (PAŁAC KULTURY) ⭐ ● (U B4) (⫩ b4)

Fertiggestellt 1955 als Geschenk der Sowjetunion für Polen, ist er mit 230 m trotz aller Wolkenkratzer ringsum noch immer das höchste Haus Polens: 42 Etagen, 3288 Räume, 1 Mio. m³ umbauter Raum. Der Kulturpalast beherbergt u. a. die zentrale Touristeninformation, Theater und Kinos, Ausstellungsräume und das Technikmuseum. Mit dem Lift gelangen Sie in die ❄ 30. Etage in 114 m Höhe mit herrlichem Rundblick auf Warschau. *Tgl. 9–20, Fr/Sa bis 23.30 Uhr | Eintritt 18 Zł., Taras Nocą (Nachtterrasse) 20 Zł. | pl. Defilad 1 | www.pkin.pl | Metro Centrum*

ŁAZIENKI-PARK ● (U D–E6) (⫩ d–e6)

Der Bäderpark, Warschaus schönste und weitläufigste Parkanlage, wurde Ende des 18. Jhs. geschaffen. Sehenswert sind das Palais auf dem Wasser *(Pałac na Wodzie),* das Amphitheater auf der Insel *(Teatr na Wyspie)* und die alte Orangerie. Im Süden, am Ende der *al. Ujazdowskie,* wird der Park vom Belvedere-Palais begrenzt. Von Mitte Mai bis Ende September finden am Chopin-Denkmal jeden Sonntag um 12 und 16 Uhr `INSIDER TIPP` ▸ Chopin-Konzerte unter freiem Himmel statt. *Eintritt frei | Bus u. a. 116, 166, 180, 195 Łazienki Królewskie*

Nördlich des *Łazienki-Parks* schließt sich der *Ujazdowski-Park* an, wo in den Mauern eines rekonstruierten Barockschlosses Warschaus Zentrum für Zeitgenössische Kunst öffnet. Sowohl etablierte Künstler als auch Newcomer werden ausgestellt. Der Mut zum Experiment führt häufig zum öffentlichen Aufschrei von Kirche und konservativen Parteien. Angeschlossen sind ein Café und ein Kunstbuchladen. *Centrum Sztuki Współczesnej | Di–Do 12–19, Fr 12–21, Sa/So 12–19 Uhr | Eintritt 12/6 Zł., Do frei | ul. Jazdów 2 | www.csw.art.pl*

`INSIDER TIPP` ▸ MARIENSZTAT
(U C2) (⫩ c2)

Gehen Sie vom Plac Zamkowy, direkt an der St.-Annen-Kirche, die Steintreppe herunter. Sie kommen auf die *ul. Nowy Zjazd*, an deren rechter Seite sich die malerische *Mariensztat* befindet, ein ruhiges Wohnviertel, dessen stiller Marktplatz durchaus an eine italienische Kleinstadt-Piazza erinnert, wo man in einem der Lokale eine Pause nach der Altstadtbesichtigung einlegen kann. *Bus u. a. 180, 518 Plac Zamkowy*

LOW BUDGET

▶ Warschau für kleines Geld vom Wasser erleben: Steigen Sie an der Brücke Most Poniatowski in die Wasserstraßenbahn *(tramwaj wodny)* und schippern Sie für nur 18 Zł. gemütlich über die Weichsel *(Mai/Juni nur Sa/So, Juli/Aug. Fr–So, mehrmals tgl., Tickets an Bord | www. ztm.waw.pl)*.

▶ Im Herzen der Warschauer Altstadt liegt das einfache, aber ordentliche *Camera Hostel:* Jugendliches Publikum sorgt für gute Stimmung, und das Bett kostet nur 45–60 Zł. *ul. Jasna 22 | Tel. 2 28 28 86 00 | www. camerahostel.com | Bus u.a. 180, 518 Plac Zamkowy*

▶ Empfehlenswert sind die einfachen ● Milchbar-Kantinen „Bar mleczny" (Suppe, Hauptgang, Saft 8–15 Zł.). In der Innenstadt: *Pod Barbakanem (ul. Mostowa 27/29)* und die legendäre Bar *Uniwersytecki Karaluch* mit rot-weißem Interieur und Blumendeckchen wie bei Oma *(Krakowskie Przedmieście 20/22)*. Eine Liste von Warschaus Milchbars gibt's unter *www.naszawarszawa.com/p/bary-mleczne.html*

MUSEUM DER GESCHICHTE DER POLNISCHEN JUDEN (MUZEUM HISTORII ŻYDÓW POLSKICH) ★ ●
(U A1) (*ᗰ a1*)
Die Fassade ist mit Tausenden Glasplättchen bestückt, in die auf Latein und Hebräisch „Po-Lin" (= Polen) eingraviert ist. Durch einen Spalt betritt man eine „Riesenhöhle", in der von 1000 Jahren erzählt wird: vom „Paradies der Juden" in adeligen Privatstädten bis zum Holocaust und den Nachkriegspogromen. Statt drögen Geschichtsunterrichts erwartet Sie lebendige Anschauung; so wurde u.a. eine Synagoge originalgetreu nachgebaut. *Mi–Mo 10–18 Uhr | Eintritt 10 Zł. | pl. Bohaterów Getta | www.jewish museum.org.pl*

MUSEUM DES WARSCHAUER AUFSTANDS (MUZEUM POWSTANIA WARSZAWSKIEGO) (O) (*ᗰ O*)
Aufzeichnungen alter Radiosendungen, Fotos, Filmaufnahmen, Interviews und moderne Simulationen vermitteln einen Eindruck von dem 63 Tage dauernden Aufstand der polnischen (Untergrund-)Heimatarmee (AK) gegen die Nazi-Herrschaft im Spätsommer 1944 (nicht zu verwechseln mit dem jüdischen Aufstand im Warschauer Getto 1943). 200 000 Warschauer kamen ums Leben, die Stadt wurde völlig zerstört. *Mo, Mi, Fr 8–18, Do 8–20, Sa/So 10–18 Uhr, Di geschl. | Eintritt 14 Zł. | ul. Przyokopowa 28 | www.1944.pl | Bus 106, 155 bzw. Straßenbahn 24 Muzeum Powstania Warszawskiego*

NATIONALMUSEUM (MUZEUM NARODOWE) (U D4) (*ᗰ d4*)
Von flämischen Gemälden des 15. Jhs. in der „Galerie Alter Meister" bis zu einer erstklassigen Auswahl polnischer Kunst quer durch die Jahrhunderte finden Sie hier reichlich „Stoff". Lassen Sie sich die

Denkmal am Museum des Warschauer Aufstands

INSIDER TIPP frühchristlichen Fresken aus dem sudanesischen Pharos nicht entgehen – sie sind von großer, archaischer Ausdruckskraft! *Di–So 10–18, Do bis 21 Uhr | 20 Zł. | al. Jerozolimskie 3 | www.mnw.art.pl | Bus u. a. 180, 518 Foksal*

PAŁAC OSTROGSKI (U D3) (🗺 d3)

In diesem Palast wenige Minuten nördlich des Boulevards Nowy Świat dreht sich alles um Frédéric (poln. Fryderyk) Chopin, der seine Jugend in Warschau verbrachte. Die multimediale Ausstellung *Experiencing Chopin,* zum 200. Geburtsjahr des Komponisten 2010 aufwändig erarbeitet, erlaubt es per „intelligentem Audioguide", individuelle Infos zu seiner Musik abzurufen. Tipp für Klassikfans: Ein Chopin-Pfad auf den Spuren des Musikers führt durch die Innenstadt vorbei an 15 Marmorbänken – jede liefert eine andere Chopin-Melodie (erste Bank am Plac Krasiński, letzte im Łazienki-Park). *Di–So 11–20 Uhr | Eintritt 22 Zł. | ul. Okólnik 1 | chopin.museum*

INSIDER TIPP **PLAKATMUSEUM (MUZEUM PLAKATU)** ● (O) (🗺 O)

Der alte Rennstall Ujeżdżalnia auf dem Schlossgelände in Wilanów beherbergt Europas erstes und größtes Museum der Plakatkunst (55 000 Werke), die polnische Grafiker und Maler in der zweiten Hälfte des 20. Jhs. wesentlich mitgeprägt haben. *Di–So 10–16 (Mai–Sept. 10–17), Mo 12–16 Uhr | ul. St. Kostki Potockiego 10/16 | www.postermuseum.pl | Bus u. a. 180 Wilanów*

PRAGA (U D–E1) (🗺 d–e1)

Das ehemalige Arme-Leute-Quartier am Ostufer der Weichsel entwickelt sich zum angesagten Trendviertel. Laufend öffnen neue Ateliers, Restaurants und Clubs, die die Avantgarde der Stadt anlocken. Kulturinteressierte sollten in die *Schilfrohrfabrik* hineinschauen, wo im *Art Center Fabryka Trzciny* stets eine interessante Ausstellung läuft, Konzerte und andere Happenings stattfinden (*Restaurant tgl. 12–2 Uhr | Programm unter www.fabry*

katrzciny.pl | Bus 138, 170, 307 Naczelnikowska). Auch das *Nizio* zieht Liebhaber moderner Kunst an: In dem Designstudio mit eigener Galerie werden Newcomer gezeigt und Kunst-Workshops abgehalten *(ul. Inżynierska 3 | www.nizio.com.pl).*

SAMMLUNG JOHANNES PAUL II. (MUZEUM KOLEKCJI IM. JANA PAWŁA II) (U A2) (🛱 a2)

Diese bedeutende Sammlung europäischer Kunst ist dem verstorbenen polnischen Papst Johannes Paul II. gewidmet. Sie umfasst Malerei u. a. von Albrecht Dürer, Anthonis van Dyck, Francisco de Goya und Tizian. *Di–Fr 10–16, Sa/So 10–18 Uhr | pl. Bankowy 1 | Metro Plac Bankowy*

STADTMUSEUM (MUZEUM HISTORYCZNE WARSZAWY) (U C1) (🛱 c1)

Das Museum wird zzt. umfassend restauriert. Geöffnet ist jedoch das Museumskino, in dem man sich zu jeder vollen Stunde *(Di–Do 10–17, Fr–So 10–19 Uhr)* den 20-minütigen, eindrucksvollen Film über die Zerstörung und den Wiederaufbau Warschaus anschauen kann. Auch einige restaurierte Kellergewölbe können bereits besichtigt werden. *Di–So 10–18 Uhr | Rynek Starego Miasta 28–42 | www.mhw.pl | Bus u. a. 180, 518 Plac Zamkowy*

WILANÓW (0) (🛱 0)

Seit Ende des 17. Jhs. Sommerresidenz der polnischen Könige, 10 km südlich vom Zentrum. Schön ausgestattete königliche Wohnräume, eine wertvolle Sammlung polnischer und europäischer Malerei. Umgeben von einem 43 ha großen Park mit Teehaus, Orangerie, Rosengarten, geometrisch angelegten Rasenflächen, schmucken Brunnen und schönen Skulpturen. *Schloss: Mai–Mitte Sept. Mo 9.30–20, Di, Do/Fr 9.30–16, Mi, Sa 9.30–18, So (Eintritt frei) 10.30–18 Uhr, letzter Einlass 1 Std. vor Ende, in der Nebensaison kürzer und Di geschl. | Eintritt 20 Zł.; Park: ganzjährig 9 Uhr bis zur Dämmerung | ul. St. Kostki Potockiego*

Der Barockgarten mit seinen modellierten Bosketten ist nur ein Teil des Parks von Wilanów

10/16 | www.wilanow-palac.pl | Bus u. a. 116, 117, 180, 519 Wilanów

ESSEN & TRINKEN

CAFÉ BLIKLE (U C4) (🗺 c4)

Berühmte Konditorei und Café mit selbst gemachten Pralinen und Torten, seit 150 Jahren in der vornehmen Straße. *Nowy Świat 35 | www.blikle.pl | Bus u. a. 180, 518 Foksal* | €€

DOM POLSKI (O) (🗺 O)

Das „Polnische Haus" liegt auf dem östlichen Weichselufer: polnisches Essen der Superlative, von Diplomaten und Geschäftsleuten gern besucht. Schöner Garten. *ul. Francuska 11 | Tel. 2 26 16 24 32 | www.restauracjadompolski.pl | Busse 117, 138, 146, 147 Obrońców* | €€€

INSIDER TIPP ▶ FOLK GOSPODA
(U A4) (🗺 a4)

Das wohl beste Lokal unter den inzwischen sehr beliebten rustikalen Restau-

rants mit deftiger polnischer Küche. Folk-Livemusik, Gartenterrasse. *ul. Walicόw 13/ul. Grzybowska | Tel. 2 28 90 16 05 | www.folkgospoda.pl | Bus 106, 155 Mennica* | €€

KLUBOKAWIARNIA RESORT ☺
(U B2) (🗺 b2)

Die junge Szene trifft sich hinter der Großen Oper. Im Club-Café wurde aus recyclten Materialien ein schräges Interieur geschaffen, das die Kulisse für gesundes Essen abgibt: Früchte-Cocktails, Torten aus Waldbeeren, Suppen und Quiches aus frischem, regionalem Gemüse. *ul. Bielańska 1 | Tel. 5 07 17 99 35* | €

MIĘDZY NAMI (U C4) (🗺 c4)

Ein Treffpunkt für Warschaus Boheme ist das Café „Unter Uns", das sich vor allem als Ort der kulturellen Begegnung versteht. *ul. Bracka 20 | www.miedzyna micafe.com* | €

INSIDER TIPP ▶ PIEROGARNIA
(U C2) (🗺 c2)

Knapp zwei Dutzend verschiedene Maultaschen-Sorten stehen auf der Speisekarte dieses unweit vom Königsweg malerisch gelegenen Lokals. *ul. Bednarska 28/30 | Tel. 2 28 28 03 92 | www.piero garnianabednarskkiej.pl | Bus u. a. 116, 122, 174 Hotel Bristol* | €

EINKAUFEN

Am Kulturpalast und Zentralbahnhof befindet sich das ● Einkaufszentrum „Goldene Terrassen" *Złote Tarasy (Mo–Sa 10–22, So 10–20 Uhr* (U B5) (🗺 b5) | *www.zlotetarasy.pl | Metro Centrum)* mit 230 Läden, wo alle erdenklichen Marken zu finden sind.

Wer in Warschau einkaufen möchte, der ist in der *ul. Chmielna* (U C4) (🗺 c4) richtig, einer Fußgängerstraße, in der in den letzten Jahren viele Boutiquen aufgemacht haben. Im Sommer kann man sich in kleinen Straßencafés vom Shopping erholen. Als Einkaufsstraßen zu empfehlen sind zudem die *ul. Mokotowska* (U C5–6) *(🗺 c5–6) (Bus 180, 518 Plac Trzech Krzyży)* und die *ul. Nowy Świat* (U C4) *(🗺 c4) (Bus u. a. 175, 180, 518 Nowy Świat)*, wo man auch in den Innenhöfen interessante Entdeckungen machen kann.

Wer nach typisch Polnischem sucht, findet es in den Volkskunstläden *Cepelia (u. a. ul. Marszałkowska 99/101* (U C5) *(🗺 c5) | www.cepelia.pl | Metro Centrum)*. Hübsches polnisches Glas und Geschirr führt *Banasik* in seinem Sortiment *(ul. Piękna 28/34* (U C6) *(🗺 c6) | www.dhbanasik.pl | Metro Politechnika)*. Schöne Lederwaren bieten der Familienbetrieb *Batycki (pl. Trzech Krzyży 3* (U C4) *(🗺 c4) | www.batycki.pl | Metro Centrum)* und die Firma *Wittchen* in mehreren Firmenläden an *(z.B. im EKZ Złote Tarasy in der ul. Zgoda | www.wittchen.pl | Metro Centrum)*. Interessanten modernen Silberschmuck bekommt man in der *Galeria Milano (Rondo Waszyngtona* (O) *(🗺 O) | Bus u. a. 101, 102, 117, 512)*.

Am Wochenende lohnt es sich, vormittags einen Ausflug auf den Trödelmarkt *Giełda starości* im Stadtteil Koło zu unternehmen. Man sollte jedoch genau hinschauen, denn es gibt auch viel Nachgemachtes. Feilschen ist in jedem Fall erlaubt *(Sa/So 6–15 Uhr | ul. Obozowa/ul. Ciołka* (O) *(🗺 O) | www.gieldastarosci.waw.pl | Bus 129, 159, 167 Dalbora)*.

AM ABEND

Für angenehmes Durststillen empfehlen sich entweder das gemütliche Café *Kulturalna (tgl. 12–3 Uhr | plac Defilad 1, Kulturpalast* (U B4) *(🗺 b4) | www.kulturalna.pl | Metro Centrum)* oder die elegante

La Casa Del Habano, wo Sie zu kubanischem Rum, Whisky oder Port, den Sie im Ledersessel genießen, auf Wunsch auch eine Zigarre rauchen können *(ul. Nowy Świat 7* (U C4) *(🗺 c4) | www.lcdh.pl)*. Wer Wein mag, geht ins *La Bodega (tgl. 10–24 Uhr | ul. Nowy Świat 6/12* (U C4) *(🗺 c4) | www.vinoteka.pl)*. Für Jazzfreunde ist das *Tygmont* ein absolutes Muss, täglich ab 18 Uhr gibt es hier ein bis zwei gute Livekonzerte *(tgl. 12–4 Uhr | ul. Mazowiecka 6/8* (U C3) *(🗺 c3) | www.tygmont.com.pl | Metro Świętokrzyska)*. Junges Publikum aus dem Studenten- und Künstlermilieu tanzt in der im Stil der kommunistischen Propaganda eingerichteten <mark>**INSIDER TIPP**</mark> *Klubokawiarnia (Di–So 22–6 Uhr | ul. Czackiego 3* (U C3) *(🗺 c3) | www.klubokawiarnia.pl | Metro Świętokrzyska)*, Fans elektronischer Klänge (Vocal House, Electro, Konzerte, DJ-Abende) pilgern in den Club *Mirage* im Kulturpalast *(Mi–Sa 21–3 Uhr | plac Defilad 1, Eingang von der ul. Emilii Plater* (U B4) *(🗺 b4) | www.clubmirage.pl)*. Angesagt ist auch *Club Capitol (ul. Marszałkowska 115* (U C5) *(🗺 c5) | www.clubcapitol.pl)*, zumindest für Warschaus Junge, Reiche und Schöne: Wer von Kopf bis Fuß aufgestylt aufkreuzt, wird sich hier wohlfühlen. „Hot Dancers" und internationale DJs heizen den Tanzwütigen ein. Die Party steigt Fr/Sa 22–6 Uhr.

Viel los ist auch im Stadtteil Praga am östlichen Weichselufer und hier besonders in der „Schilfrohrfabrik" *(Fabryka Trzciny)*, wo es in einem alten Fabrikgebäude viel Jazz, Rock, Theater und Ausstellungen gibt *(ul. Otwocka 14* (O) *(🗺 O) | Restaurant tgl. 12–2 Uhr | Programm unter www.fabrykatrzciny.pl | Bus 138, 170, 307 Naczelnikowska)*.

Den Liebhabern des Musicals und des Revuetheaters seien das *Teatr Muzyczny Roma (ul. Nowogrodzka 49* (U B5) *(🗺 b5) | Tel. 2 26 28 89 98 | www.teatr*

Originelles Ambiente: Bar in der alten Schilfrohrfabrik in Praga

roma.pl | Metro Centrum), das *Teatr Studio Buffo (ul. Marii Konopnickiej 6* **(U D5)** *(**d5) | Tel. 22 622 63 93 | www.studiobuffo.com.pl | Bus 180, 518 Plac Trzech Krzyży)* und das *Teatr Sabat (ul. Foksal 16* **(U C4)** *(**c4) | Tel. 2 28 26 23 55 | www.teatr-sabat.pl | Bus u. a. 180, 518 Foksal)* empfohlen.

Freunde der klassischen Musik kommen auf ihre Kosten in der Nationalphilharmonie, *Filharmonia Narodowa (ul. Jasna 5* **(U B4)** *(**b4) | Tel. 2 25 51 71 11 | www.filharmonia.pl | Metro Centrum)* und im „Großen Theater" *Teatr Wielki*, wie die Warschauer Oper offiziell heißt *(Sept.–Juni Di–So | pl. Teatralny 1* **(U B2)** *(**b2) | Tel. 2 26 92 02 00 | www.teatrwielki.pl | Metro Ratusz).*

ÜBERNACHTEN

Das Nächtigen in Warschauer Hotels ist teuer, doch es gibt immer wieder Sonderangebote, vor allem an Wochenenden.

HARENDA **(U C3)** *(**c3)*

Eine sympathische Unterkunft am Königsweg, unweit der Altstadt. *43 Zi. | ul. Krakowskie Przedmieście 4/6 | Tel. 2 28 26 00 71 | www.hotelharenda.com.pl | Bus u. a. 116, 122, 175, 180 Uniwersytet | €€*

MAZOWIECKI **(U C3)** *(**c3)*

Ein ehemaliges Armeehotel – einfach, aber sauber und in zentraler Lage. *56 Zi. | ul. Mazowiecka 10 | Tel. 2 28 27 23 65 | www.hotelbelwederski.pl | Bus 175 Ordynacka | €*

POLONIA PALACE **(U C5)** *(**c5)*

Luxuriöses Haus im Stil des eleganten Warschau der 30er-Jahre in zentraler Lage. *206 Zi. | al. Jerozolimskie 45 | Tel. 2 23 18 28 00 | www.poloniapalace.com | Metro Centrum | €€€*

INSIDER TIPP ▶ RIALTO **(U B6)** *(**b6)*

Kleines, feines Haus, das in jedem Detail Art déco ausstrahlt. Selbst die Bäder sind stilecht. Tolles Frühstücksbüfett, Trocken- und Feuchtsauna, rundum freundliches Ambiente. *44 Zi. | ul. Wilcza 73 | Tel. 2 25 84 87 00 | www.hotelrialto.com.pl | €€€*

AUSKUNFT

TOURISTENINFORMATION
(U B4) (*m b4*)
Pl Defilad 1/ul. Emili Plater (Kulturpalast) | tgl. 8–20 Uhr | Tel. 2 21 94 31 | www.warsawtour.pl
Weitere Infostellen im Hauptbahnhof (U B4) (*m b4*) *sowie Rynek Starego Miasta* (U C1) (*m c1*)

ZIELE IN DER UMGEBUNG

KAMPINOSKI-NATURPARK
(136 C5–6) (*m H–J4*)
Das 400 km² große Waldgebiet wird durchbrochen von Torfwiesen, Mooren und Dünen. Eine schöne Wanderung durch diese Landschaft können Sie vom Dorf *Truskaw* aus (von Warschau mit dem Bus 708 zu erreichen) unternehmen. An Sonn- und Feiertagen sind manche der Wanderpfade bei gutem Wetter sehr überlaufen, an Werktagen trifft man nur wenige Wanderer.

KAZIMIERZ DOLNY (145 E4) (*m K5*)
140 km südlich von Warschau liegt dieses Renaissancestädtchen (4000 Ew.). Der Marktplatz mit den reich verzierten Patrizierhäusern, die Pfarrkirche, das auf der malerischen Anhöhe gebaute Kloster und die unweit des Flussufers stehenden Speicher legen Zeugnis ab von der einstigen Bedeutung der Stadt. Brauereien und Getreide, das man hier zwischenlagerte, bevor es auf der Weichsel nach Danzig befördert wurde, machten die Stadt im 16. Jh. reich. Maler, Schriftsteller und Dichter haben sich seither von der Lage des Ortes inspirieren lassen. Inzwischen lebt die Stadt vom Tourismus. Übernachten und speisen können Sie im Hotel *Król Kazimierz* (115 Zi. | ul. Puławska 86 | Tel. 8 18 80 99 99 | www.krolkazimierz.pl | €€*).

ŁÓDŹ ★ (140 B1) (*m H4–5*)
Polens drittgrößte Stadt (710 000 Ew.) liegt 135 km südwestlich von Warschau und wird oft das „Manchester des Ostens" genannt. Den aristokratischen Lebensstil der einstigen Textilmagnaten kann man im Palais des jüdischen Großunternehmers Izrael Kalmanowitsch Poznański nachvollziehen, in dem sich heute das *Łódzer Stadtmuseum* (Mo 10–14, Di 10–16, Mi 14–18, Sa/So 11–18 Uhr | ul. Ogrodowa 5 | www.muzeum-lodz.pl) befindet. Hier ehrt die Stadt u. a. den in Łódź geborenen großen Pianisten Artur Rubinstein. Poznańskis riesiges Fabrikgelände gleich nebenan wurde vorbildlich saniert und in das Kultur- und Handelszentrum *Manufaktura (ul. Ogrodowa 17 | www.manufaktura.com)* verwandelt. Sehenswert ist auch das *Muzeum Sztuki ms²*, Polens bedeutendstes Museum für moderne Kunst *(Di 10–18, Mi–So 11–19 Uhr | ul. Ogrodowa 19 | Manufaktura | www.msl.org.pl)* mit Werken u. a. von Picasso, Chagall, Léger, Nolde. Im einstigen Firmengebäude (Weiße Fabrik) Ludwig Geyers, eines deutschen Fabrikanten, kann man das *Textilmuseum (Di/Mi, Fr 9–17, Do 11–19, Sa/So 11–16 Uhr | ul. Piotrkowska 282 | www.muzeumlokiennictwa.pl)* besichtigen.
Der *jüdische Friedhof (ul. Bracka 5 | Eintritt 5 Zł.)* ist der größte Europas. Hier ruht u. a. in einem gewaltigen Mausoleum Izrael Poznański, hier sind Zehntausende im Getto von Litzmannstadt – wie die Nationalsozialisten Łódź 1940 umtauften – verstorbene Juden begraben. Weitere ca. 200 000 wurden im nahen

Vernichtungslager Kulmhof (Chełmno nad Nerem) umgebracht. Am ehemaligen *Bahnhof Radegast (Radogoszcz | ul. Stalowa)*, von dem die Menschen damals abtransportiert wurden, hat die Stadt eine beeindruckende Gedenkstätte errichtet.

Das beste Hotel in Łódź, das **INSIDER TIPP** *Andel's* in der Manufaktura, wird nicht nur von der „New York Times" hoch gelobt: In der ehemaligen Farbik setzt das Designerteam Jestico & Whiles auf Kontrast: originale Textilmaschinen und zeitgenössische Kunst, nackte Backsteinwände und minimalistische, farbstarke Möbel. Architektur als Hotelerlebnis! Dazu ein fürstliches Frühstücksbüfett, ein Pool im Glasbau auf dem Dach und die ganze Manufaktura zum Entdecken *(278 Zi. | ul. Ogrodowa 17 | Tel. 4 22 79 10 00 | www.andelslodz.com | €€€).*

Im schachbrettartig angelegten Straßennetz des Zentrums gibt es keinen Marktplatz, dafür aber die 4 km lange *ul. Piotrkowska*, Polens längste Einkaufsstraße, die Sie bequem mit einer der überall wartenden ● Fahrradrikschas abfahren können. An der Flaniermeile finden Sie, um nur einige zu nennen, unter Nr. 12 das auf polnische Küche spezialisierte *Restauracja Polska (Tel. 4 26 33 83 45 | www.restauracjapolska.net1.pl | €€)*, unter Nr. 17 den *Jazzga Jazz Club*, unter Nr. 77 den *Irish Pub (www.irishpub.pl)*, unter Nr. 102 den Künstlerpub *Łódź Kaliska* und unter Nr. 113 das *Café Verte*.

Touristinformation: *ul. Piotrkowska 87 | Tel. 4 26 38 59 55 | www.cit.lodz.pl*

ŁOWICZ (136 B6) (*H4*)

Die Stadt (30 000 Ew.) liegt ca. 90 km westlich von Warschau und ist ein lebendiges Zentrum polnischer Folklore. Gegenüber der Kathedrale befindet sich das *Regionalmuseum (Di–So 10–16 Uhr | Stary Rynek 5/7 | www.muzeumlowicz.pl)* mit einer Sammlung der Volkskunst des Łowiczer Landes und zwei nachgebauten

Einst Fabrik, heute Kultur- und Handelszentrum: die Manufaktura in Łódź

Schöner wohnen: der Rote Salon im Barockschloss Nieborów

Bauernhöfen im Hof. Wer an Fronleichnam in Warschau ist, sollte unbedingt nach Łowicz fahren, um die berühmte Trachtenprozession mitzuerleben. Einfache, aber gepflegte Unterkunft finden Sie im *Hotel Zacisze (35 Zi. | ul. Kaliska 5 | Tel. 4 68 37 62 44 | www.zacisze.dt.pl | €)*.

NIEBORÓW (136 B6) (*H4*)

Etwa 10 km südlich von Łowicz kann man eines der schönsten Adelsschlösser ganz Polens besichtigen. Vom berühmten holländischen Barockarchitekten Tilman van Gameren entworfen, gehörte Schloss Nieborów der Familie Radziwiłł und beherbergt heute eine reiche Kunstsammlung. Hinter dem Schloss erstreckt sich ein gepflegter französischer Park. *März–Ende April, Okt. Di–So 10–16, Ende April–Juni tgl. 10–18, Juli–Sept. Mo–Fr 10–16, Sa/So 10–18 Uhr | Eintritt 20 Zł. | www.nieborow.art.pl*

Nur 6 km weiter investierte die Fürstin Helena Radziwiłł ab 1778 viel Geld in Landschaftsarchitektur ganz besonderer Art. ● **INSIDER TIPP** ▶ *Arkadia* heißt die zwischen Łowicz und Nieborów gelegene, mit Seen, Bächen und Bauwerken kunstvoll inszenierte Parklandschaft. *10 Uhr bis zur Dämmerung | Eintritt 10 Zł.*

PUSZCZA BIAŁOWIEŻA/BIALYSTOCK

Knapp 200 km nordöstlich von Warschau liegt Białystok *(137 E4) (*K3*) (www.visitbialystok.com)*, Hauptstadt der Region Podlachien und Eingangstor zum Białowieża-Nationalpark. Die Stadt hat nicht nur ein Schloss, das „polnische Versailles", sondern auch die größte orthodoxe Kathedrale des Landes sowie eine üppig grün bepflanzte Oper *(Opera Podlaska | ul. Odeska 1 | www.oifp.eu)*. Aus Białystok stammt Ludwik Zamenhof (1859–1917), dessen Kunstsprache Esperanto heute weltweit von fast 10 Mio. Menschen gesprochen wird. Von Białystok ist es nicht weit zur ⭐ Puszcza Białowieża (137 F5) (⌱ L3), dem größten Urwald Mitteleuropas. Von seinen 1250 km² befinden sich 270 km² auf polnischer, der Rest auf weißrussischer Seite. Ein Fünftel des polnischen Teils sind Primärwälder, die nie von Menschenhand verändert wurden. Gut 160 Baum- und Strauch- und 1000 Pilzarten wachsen hier. Im Urwald leben u. a. rückgezüchtete Tarpan-Wildpferde und Wisente.

Den Nationalpark darf man nur in Begleitung eines Fremdenführers betreten. Die Route (auch deutschsprachige Führungen) beginnt und endet im 1 km langen Holzhäuser-Dorf *Białowieża* mitten im Urwald *(PTTK Białowieża | ul. Kolejowa 17 |*

Tel. 8 56 812 22 95 | www.pttk.bialowieza. pl, www.bpn.com.pl). Das *Białowieża Museum (Muzeum Przyrodniczo-Leśne | Di–So 9–15.30, Juni–Sept. 9–16 Uhr | Park Pałacowy 38)* gibt Auskunft über die Fauna und Flora des Urwalds. Unterkunft im *Hotel Białowieski (64 Zi. | ul. Waszkiewicza 218 B | Tel. 8 56 812 0 22 | www. hotel.bialowieza.pl | €€)*.

ŻELAZOWA WOLA ● **(136 B6)** *(⌱ H4)*
60 km westlich von Warschau wurde in diesem Ort der Komponist Frédéric Chopin (1810–49) geboren. Im Sommer, bei gutem Wetter, lohnt es sich, eine Besichtigung des *Geburtshauses (Di–So 9–19, Winter 9.30–16 Uhr)* mit dem Besuch eines Chopin-Konzerts *(Mai–Sept. So 12 u. 15 Uhr)* im Park des Hauses zu verbinden.

BÜCHER & FILME

▶ **Hinter der Blechwand** – Andrzej Stasiuks Road Novel durch den Südosten Polens beschreibt eine dunkle Welt: Zwei Antihelden schlagen sich mit List und Tücke durchs Leben

▶ **Geheimnisvolles Oppeln** – Artur Kloses Comic zur Geschichte Schlesiens gefällt nicht nur Kindern

▶ **Das Erbe** – Die Graphic Novel der Israelin Rutu Modan schildert mit viel Witz die Rückkehr einer Jüdin nach Warschau, der Stadt ihrer Familie

▶ **Polenplus** – Ein erfrischender Blick aufs Nachbarland! Diese mehrmals jährlich erscheinende Zeitschrift gefällt mit realitätsnahen Reportagen und Hintergrundgeschichten. Außerdem ist sie grafisch hervorragend gestaltet

▶ **Der Pianist** – Roman Polanskis preisgekrönter Film (2002) mit Adrian Brody in der Hauptrolle erzählt nach einer wahren Begebenheit vom Überleben eines Juden im Warschauer Getto

▶ **Der Warschauer Aufstand** – Der auf der Berlinale 2015 präsentierte Doku-Streifen zeigt unbekannte Filmaufnahmen von Widerstand und Zerstörung im Jahr 1944

▶ **Ida** – Der neueste Film (2013) des polnisch-britischen Regisseurs Paweł Pawlikowski erzählt von einer im katholischen Kloster aufgewachsenen Waise, die erfährt, dass sie eine Jüdin ist. Zusammen mit ihrer Tante, einer Kommunistin, macht sie sich auf eine Recherchereise ins ländliche Polen der 1960er-Jahre

SCHLESIEN

Die Natur, aber auch die deutsche-polnische Kulturtradition haben Schlesien, dem Land beiderseits der oberen und mittleren Oder, eine besondere Aura verliehen. Nach 1945 wurde aus dem deutschen Schlesien das polnische Śląsk. Moderne Industrie, eine gut entwickelte Landwirtschaft und der Tourismus prägen heute das Leben der Region, die zu den wohlhabendsten in Polen zählt.

Abwechslungsreich ist die Landschaft: Hochmoore, alte Eichen- und Buchenwälder, die Höhen des Eulen-, Glatzer- und Altvatergebirges, die karge Bergwelt der Schneekoppe, der höchsten Erhebung des Riesengebirges. Im Sommer bevölkern Wanderer die Bergzüge im Süden. Im Winter werden sie von Skifahrern abgelöst. Sie alle zieht der Zauber des Riesengebirges und der Beskiden an, die guten Unterkünfte, das herzhafte Essen. Kulturinteressierte finden wunderbare Barockarchitektur, viele Kleinode der Holzbauweise, interessante Museen. Technikbegeisterte Besucher besichtigen Papiermühlen, Glasbläsereien und anderen alte Industrieanlagen, die man hier zu Tourismuszwecken betreibt. Erholung bieten die schlesischen Kurorte wie Bad Kudowa oder Bad Altheide. Das sind die Vorzüge Niederschlesiens, das von der deutschen Grenze bis hinter Wrocław (Breslau) reicht. Ostwärts, im Oppelner Schlesien, lebt die deutsche Minderheit. Spätestens bei Bytom (Beuthen) ist man in Oberschlesien, dem Land der Steinkohle und der rauchenden Schlote, das sich bis hinter Katowice (Kattowitz) erstreckt.

Das Land an der mittleren Oder bezaubert durch seine Naturschönheiten – und ist eine kulturelle Fundgrube

JELENIA GÓRA (HIRSCHBERG)

(146 B3) *(⟐ E5–6)* **Am Fuß des Riesengebirges schmiegt sich die Stadt (92 000 Ew.) in eine Gabelung der Flüsse Bóbr (Bober) und Kamienna (Zacken).**

Auf dem schönen Marktplatz, rund um das barocke Rathaus und den Neptunbrunnen, haben sich unter den Bögen der Laubenhäuser Läden, Cafés und Restaurants eingemietet. Gleich nebenan prägt der Glockenturm der katholischen *Pfarrkirche St. Erasmus und Pankratius* das Stadtbild. Die Kirche beherbergt die zweitgrößte Orgel Schlesiens und einen kostbaren Hochaltar aus dem 18. Jh. Sehenswert ist das *Muzeum Karkonoskie* (ehemals Sudetenmuseum) mit Exponaten zur Geschichte, Kunst und Folklore

Sorgfältig restaurierte Fassaden und Giebel in Hirschberg

des Riesengebirges *(Di–Fr 9–16, Sa/So 9–17 Uhr | ul. Jana Matejki 28 | www.muzeumkarkonoskie.pl)*.

Übernachtungsmöglichkeit im gemütlichen *Hotel Baron* fast am Markt *(16 Zi. | ul. Grodzka 4 | Tel. 7 57 52 33 51 | www.hotelbaron.pl | €€)*.

Touristeninformation: *ul. Bankowa 27 | Tel. 7 57 67 69 25 | www.jeleniagora.pl*

ZIELE IN DER UMGEBUNG

FRIEDENSKIRCHEN ★

Es lohnt, von Jelenia Góra aus den Friedenskirchen in Jawor (Jauer, 40 km nordöstlich (146 C2) *(ᗄ E5)*) und Świdnica (Schweidnitz, 65 km östlich, (147 D3) *(ᗄ E6)*) einen Ausflug zu widmen. Gemäß der im Westfälischen Frieden (1648) zugestandenen Religionsfreiheit erlaubten die habsburgischen Kaiser ihren protestantischen Untertanen in Schlesien den Bau von drei Kirchen. Diese mussten außerhalb der Stadt liegen, aus Holz, Lehm und Stroh errichtet sein, sie durften keine Türme und Glocken haben, die Bauzeit durfte nur ein Jahr betragen. Die Kirche in Głogów (Glogau) brannte nach einiger Zeit ab. Die beiden erhaltenen in *Jawor (pl. Pokoju 2)* und in *Świdnica (pl. Pokoju 6)* – die größte Holzkirche Europas – beeindrucken durch den Gegensatz zwischen dem bescheidenen Äußeren und der für protestantische Gotteshäuser untypischen prächtigen Innenausstattung mit Gold und Malereien. Sie gehören zum Unesco-Weltkulturerbe. *Beide Mo–Sa 9–18, So 11.30–18 Uhr, Nov.–März nur nach tel. Anmeldung | Tel. 7 48 52 28 14*

Legen Sie in Świdnica eine gemütliche Pause im *Rathauskeller (Rynek 37 | Tel. 7 46 40 61 06 | www.piwnicaratuszowa.pl €€)* ein: Unter backsteinernen Gewölben werden Klassiker der polnischen Küche serviert, Spezialität des Hauses ist Wild.

KOTLINA JELENIOGÓRSKA (HIRSCHBERGER TAL) (146 B3) *(ᗄ E5–6)*

Das Vorland des Riesengebirges (273 km² Fläche) bezaubert vor allem durch unschöne Aussichten auf die Berge. Zahlreiche preußische Adelsfamilien haben hier im 19. Jh. Burgen, Schlösser, Herrenhäuser, Landsitze gekauft oder durch renommierte Architekten wie Karl Friedrich Schinkel bauen lassen. Etwa vierzig von ihnen sind, teils renoviert, teils im verfallenen Zustand zu besichtigen, u. a. die malerische Burgruine *Chojnik (Kynast)* oder das schön sanierte *Schloss Wojanów (Schildau | www.palac-wojanow.pl)* mit einem aussichtsreichen Terrassenlokal und einem herrlichen englischen Park. Einblicke ins ehemalige Landleben bietet *Schloss Łomnica (Lomnitz),* das mit finanzieller Unterstützung des deutschen Vereins zur „Pflege der Kunst und Kultur in Schlesien" von der Familie von Küster restauriert wurde. Mit dabei der historische Bauernhof, ein Museum, ein Hotelrestaurant *(www.schloss-lomnitz.de).* Eine Schlössertour durchs Tal verschafft bleibende Eindrücke (Infos im Touristbüro von Jelenia Gora).

KRZESZÓW (GRÜSSAU) ★
(146 B4) *(ﾑ E6)*

Die Klosteranlage der Benediktiner (später Zisterzienser) aus dem 13. Jh., 40 km südöstl. von Jelenia Góra, wird von der zweitürmigen *Abteikirche* aus dem 18. Jh. überragt, deren prachtvolles Äußeres dem beeindruckenden Inneren mit üppigen Stuckdekorationen, Fresken, Altären, dem Chorgestühl und der Orgel entspricht. In der Fürstenkapelle ruhen die Schweidnitzer Piasten. Ebenso begeistert die kleine *St.-Josephskirche* nebenan, wo Michael Willmann um 1695 einen großartigen Freskenzyklus schuf.

KRZYŻOWA (KREISAU)
(147 D3) *(ﾑ E6)*

Im Sitz der Familie Moltke (65 km östlich) wo sich der Kreisauer Kreis (Ausstellung dazu im Haupthaus, *tgl. 9–16 Uhr*) traf und den Sturz Hitlers plante, befindet sich heute eine *Jugendbegegnungsstätte*

(95 Zi. | Krzyżowa 7 | Grodziszcze | Tel. 74 85 00 03 00 | www.krzyzowa.org.pl | €€), in der jedermann übernachten kann.

KSIĄŻ (FÜRSTENSTEIN)
(146 C3) *(ﾑ E6)*

Das größte schlesische Schloss, umgeben von einer malerischen Parklandschaft, liegt 55 km östlich von Jelenia Góra. Es entstand bereits im 13. Jh. und war ursprünglich eine Burg. Im 18. Jh. wurde es zur Residenz der Familie Hochberg umgebaut und seitdem immer wieder erweitert. Es gibt 415 Säle und viele unterirdische Gänge; der prunkvolle Maximiliansaal im Stil des Wiener Barock gehört zu den schönsten. Einen kurzen Abstecher wert ist das Staatsgestüt am Fuße des Schlosses. Die Pferde stehen dort in Ställen, deren Wände mit Porzellankacheln ausgelegt sind. *Schloss: im Sommer Di–Fr 10–17, Sa/So 10–18 Uhr, Nachsaison 2 Std. kürzer | Eintritt 16 Zł. | ul. Piastów Ślaskich 4 | www.ksiaz.walbrzych. pl | Wałbrzych*

MARCO POLO HIGHLIGHTS

★ **Friedenskirchen**
Überwältigend ist vor allem Europas größte Holzkirche in Świdnica → S. 76

★ **Krzeszów (Grüssau)**
Das Kloster ist einer der schönsten spätbarocken Bauten in Polen → S. 77

★ **Śnieżka (Schneekoppe)**
Von der Spitze bis nach Wien und Prag schauen → S. 81

★ **Rynek (Marktplatz)**
Breslaus Mittelpunkt beeindruckt durch Größe und Lebendigkeit → S. 84

KŁODZKO (GLATZ)

(147 D5) *(🗺 F6)* **Die 30 000 Ew. zählende Stadt an der Glatzer Neiße (Nysa Kłodzka) ist vor allem durch ihre gotische Steinbrücke aus dem 14. Jh. berühmt, die mit ihren barocken Skulpturen auf der Brüstung wie eine Miniausgabe der Prager Karlsbrücke wirkt.** Gehen Sie über die Brücke Richtung Innenstadt zum Markt mit dem wuchtigen Rathaus und dem barocken Löwenbrunnen. Von hier ist es nicht mehr weit zur *Festung*, die Friedrich II. bauen ließ und die nicht einmal von Napoleon erobert werden konnte. Heute kann man hier die Bastionen und unterirdische Anlagen besichtigen *(April–Okt. tgl. 9–18, Nov.–März 9–15 Uhr | Eintritt 18 Zł. | ul. Grodzisko 1 | www.tzwierda.klodzko.pl)*. Spaß macht der Stollenweg, der unterhalb der Altstadt durch mehrgeschossige, miteinander verbundene Kaufmannskellergewölbe bis zur Festung führt *(Trasa Podziemna i Twierdza | April–Okt. tgl. 9–18, Nov.–März Di–So 9–15 Uhr | Eingang über Haus Nr. 3, ul. Zawiszy Czarnego, Ausgang am Fuß der Festung)*.

ZIEL IN DER UMGEBUNG

GLATZER BERGLAND

Berühmt vor allem durch seine größte Erhebung, den 1425 m hohen *Śnieżnik (Glatzer Schneeberg)* und bekannte Kurorte: *Polanica Zdrój (Bad Altheide)* (147 D5) *(🗺 E6)*, *Duszniki Zdrój (Bad Reinerz)* (146 C5) *(🗺 E6)* und *Kudowa Zdrój (Bad Kudowa)* (146 C5) *(🗺 E6)*, die Polens größte Mineral- und Heilwasservorkommen nutzen. Alle drei Orte haben elegante Trinkhallen, gepflegte Parkanlagen und immer mehr hervorragend renovierte alte Gebäude. Kudowa verfügt zudem über einen *Aquapark* mit künstlichen Wellen, Wasserrutschen und Saunen *(tgl. 9–21 Uhr | 1 Std. je nach Tageszeit 11,50–14 Zł. | ul. Moniuszki 2 a | www.basen.eurograf.pl)*.

Die gotische Steinbrücke führt zur Altstadt von Kłodzko (Glatz)

In Kudowas Vorort *Czermna* können Sie Makabres bestaunen: Die „Schädelkapelle" ist bis zur Decke mit menschlichen Schädeln und Knochen verkleidet. In der Krypta stapeln sich weitere 21 000 Schädel! Verwendet wurden die Gebeine von Gefallenen des Dreißigjährigen und des Schlesischen Krieges, die der Pfarrer 1776 exhumieren und in der Kapelle „beisetzen" ließ (*Kaplica Czaszek* | Mo 9.30–13, Di–So 9.30–13, 14–17.30 Uhr).

Angenehm übernachten Sie in der renovierten *Villa Alexandra* (19 Zi. | *ul. Piastowska 3* | Polanica Zdrój | *Tel. 7 48 69 05 81* | www.villa-alexandra.pl | €) oder im *Hotel Muza* (20 Zi. | *ul. Wojska Polskiego 31* | Dusznik Zdrój | *Tel. 7 48 66 84 00* | www.hotelmuza.pl | €). Schmackhafte Hausmannskost serviert die *Restauracja Zdrojowa* (*ul. Parkowa 2* | Polanica Zdrój | *Tel. 7 48 68 02 57* | €). Kudowa Zdrój bietet sich als Ausgangsort für Ausflüge in das *Heuscheuer Gebirge* (*Góry Stołowe*) an. Sehr zu empfehlen ist das Naturreservat **INSIDER TIPP** *Błędne Skały* („Wilde Löcher"), wo man durch ein von der Erosion phantasievoll geformtes Felsenlabyrinth wandern kann (nur bei gutem Wetter zu empfehlen | tgl. 8–18 Uhr). Touristeninformationen: *Polanica Zdrój* (*ul. parkowa 15* | *Tel. 7 48 68 24 44* | www.polanica.pl), *Duszniki Zdrój* (*Rynek 9* | *Tel. 7 48 66 94 13* | www.duszniki.pl), *Kudowa Zdrój* (*ul. Zdrojowa 44* | *Tel. 7 48 66 13 87* | www.kudowa.pl).

OPOLE (OPPELN)

(139 D–E4) *(ⓜ G6)* **Auf dem Markt der Stadt (130 000 Ew.) wartet eine Überraschung: Das Rathaus ist eine Nachahmung des Palazzo Vecchio in Florenz.** Sehenswert in der 1945 stark zerstörten und teilweise wieder aufgebauten Altstadt mit den schönen Renaissance-Markthäusern sind der gotische *Dom zum hl. Kreuz* (*Kościół św. Krzyża*) mit dem Grabmal des letzten Herzogs von Oppeln, Jan II., und die *Franziskanerkirche* mit den Grabmälern von sieben Oppelner Herzögen. Machen Sie eine gemütliche Kaffeepause am Markt im *Pod Arkadami* (*Rynek 26* | www.podarkadami.pl).

Interessant ist das *Freilichtmuseum* (*Skansen*) an der Ausfallstraße nach Wrocław, mit viel Holzarchitektur aus dem Oppelner Land (Mai–Sept. Mo 10–15, Di–So 10–17, im Winter Mo–Fr 10–15 Uhr | *ul. Wrocławska 174* | www.muzeumwsiopolskiej.pl). Günstig, aber komfortabel übernachten Sie in der **INSIDER TIPP** *„Grauen Villa"* (*Szara Willa* | *ul. Oleska 11* | *Tel. 7 74 41 45 79* | www.szarawilla.pl | €–€€). Touristinformation: *Rynek 23* | *Tel. 7 74 51 19 87* | www.opole.pl

ZIELE IN DER UMGEBUNG

BRZEG (BRIEG) (139 D4) *(ⓜ F6)*

Das monumentale Schloss aus dem 16. Jh. mit seinem dreigeschossigen Arkadenhof und einem Prunkportal, auf den die Büsten aller polnischen Könige und Herzöge der Piasten-Dynastie zu sehen sind, gilt als Hauptwerk der Renaissance in Schlesien. Fantastisch ausgemalt ist die angrenzende *Heiligkreuzkirche* (*Kościoł Św. Krzyża*): Die Decke scheint sich mit einem illusionistischen Himmel ins Unendliche zu öffnen! Sehenswert ist auch das Rathaus der 36 000-Ew.-Stadt 45 km nordwestlich von Opole. Ein empfehlenswertes Quartier ist das Boutiquehotel **INSIDER TIPP** *Arte* (11 Zi. | *pl. Zamkowy 8* | *Tel. 7 74 24 02 90* | www.hotelarte.pl | €€) neben dem Schloss. In Stil und Architektur Renaissance, in Sachen Komfort Top Class Gegenwart. Hier können Sie auf altpolnische Art gut essen.

GÓRA ŚWIĘTEJ ANNY (ANNABERG)
(139 E4) (📖 G6)

Seit dem 18. Jh. pilgern die Gläubigen zu der von den Franziskanern errichteten barocken *Wallfahrtskirche* auf der mit 411 m höchsten Erhebung der Gegend, 30 km südlich von Opole. Es ist nicht nur die wichtigste schlesische Wallfahrtsstätte mit einem imposanten *Kalvarienberg* (30 Marienkapellen), sondern auch der Ort, an dem 1921 polnische Aufständische vergebens gegen deutsche Freikorps ankämpften, um den Anschluss des Oppelner Schlesien an Polen zu erzwingen. Ein *Museum* dokumentiert diese Ereignisse aus polnischer Sicht *(Muzeum Czynu Powstańczego | Di–So 9–15 Uhr)*.

NYSA (NEISSE) (147 F5) (📖 F6)

Historisch eine der bedeutendsten Städte Schlesiens (46 000 Ew., 60 km südwestl. von Opole). Mitten auf dem Markt steht das stattliche *Renaissancegebäude* der *Stadtwaage.* Die *St.-Jakobus-Kirche (Kościół św. Jakuba)* entfaltet im Inneren barocke Pracht. Es lohnt sich auch, das alte Jesuitengymnasium *Collegium Carolinum* und die evangelische *Kirche St. Barbara* zu besuchen. Auf dem *Jerusalemer Friedhof* befindet sich das Grab des Dichters Joseph von Eichendorff (1788–1857).

RIESENGEBIRGE (KARKONOSZE)

(146 A–B 3–4) (📖 E6) **Der 40 km lange und höchste Gebirgszug der Sudeten mit seinen abgerundeten Gipfeln ist die Heimat des Berggeistes Rübezahl.**

Auf dem Kamm des Riesengebirges verläuft die polnisch-tschechische Grenze; ein Teil des Gebirges wurde in einen Nationalpark *(Karkonoski Park Narodowy)* umgewandelt.

FREIZEIT & SPORT

Das Riesengebirge ist ein ideales Wander- und Mountainbike-Revier. Dutzende Wege und Waldpisten wurden markiert. In der Touristeninfo können Sie die Wanderkarte *Karkonosze* (Riesengebige) erwerben. Ein Klassiker ist ab Karpacz der blau markierte Weg, der über die Kirche Wang und den Kleinen Teich bis zur Schneekoppe führt (3 Std. eine Richtung). Wer Wasserspaß will, geht in den Aquapark *Tropicana (tgl. 8–21 Uhr | ul. Karkonoska 14 | www.golebiewski.pl)*.

ZIELE IM RIESENGEBIRGE

JAGNIĄTKÓW (AGNETENDORF)
(146 A3) (📖 E6)

Hier befindet sich das im Jugendstil erbaute Haus Weisenstein, das dem Schriftsteller und Nobelpreisträger Gerhart Hauptmann von 1901 bis zu seinem

Tod 1946 als wichtigster Wohnort diente. Schön renoviert beherbergt es heute ein *Museum*, das Hauptmanns Leben und Werk dokumentiert *(Dom Gerharta Hauptmanna | Di–So 9–17 Uhr | ul. Michałowicka 32 | www.muzeum-dgh.pl)*.

Parkowa 10). Übernachtungsmöglichkeiten bieten das kleine, feine *Rezydencja (60 Zi. | ul. Parkowa 6 | Tel. 75 761 80 20 | www.hotelrezydencja.pl | €€)* und das im Alpenstil erbaute Großhotel *Gołębiewski (880 Zi., 27 Ap. | ul. Karkonoska 14 | Tel.*

Ein Stück Norwegen mitten im Riesengebirge: die Stabholzkirche Wang

KARPACZ (KRUMMHÜBEL)
(146 B3) (*ⓂⒶ E6*)

Der 5000 Ew. zählende Ort an der Schneekoppe lebt heute nur noch vom Tourismus. Keine Spur mehr von Holzfällern, Teerbrennern und Kräutermischern (den sogenannten Laboranten), die ihn einst bevölkerten. Sehenswert ist die Stabholzkirche *Wang* im Ortsteil *Górny Karpacz (Brückenberg)*. Als man sie in Norwegen durch eine größere ersetzen wollte, kaufte Friedrich Wilhelm IV. sie und ließ sie 1844 in Karpacz wieder aufbauen. Es ist die einzige Kirche dieser Art außerhalb Norwegens *(tgl. 9–17, im Sommer bis 18 Uhr | www.wang.com.pl)*.

Beliebt ist die *Sommerrodelbahn* mitten im Ort *(10 Uhr bis zur Dämmerung | ul.*

7 57 67 07 47 | www.golebiewski.pl/kar pacz | €€–€€€)*. Viele Fastfoodlokale säumen die Hauptstraße, Süßschnäbel schätzen das *Café Classico (ul. Konstytucji 3 Maja 50 | www.classico cafe.pl)* mit hausgemachtem Kuchen und Eis. Touristinformation: *ul. Konstytucji 3 Maja 25 a | Tel. 7 57 61 86 05 | www.karpacz.com*

ŚNIEŻKA (SCHNEEKOPPE) ★ ☀
(146 B4) (*ⓂⒶ E6*)

Ein 2,3 km langer Sessellift *(tgl. 9–18 Uhr | Kolej Linowa na Kopę | ul. Turystyczna | www.kopa.com.pl | Ticket 25 Zł.)* führt von Karpacz zur Kleinen Koppe. Von dort geht man ca. 1,5 Stunden auf den 1602 m hohen Gipfel, wo sich eine Kapelle aus dem Jahre 1668, ein Restaurant

Malerisch: der Zackelfall
bei Schreiberhau

und eine Wetterstation befinden und der Blick bei gutem Wetter bis zu 200 km weit reicht. Denken Sie an die richtige Kleidung: Auch an warmen Sommertagen kann es oben sehr kalt sein.

ŚWIERADÓW ZDRÓJ (BAD FLINSBERG) (146 A3) (*ω E5–6*)

Der Kurort nahe der deutsch-polnischen Grenze gefällt mit einer 80 m langen hölzernen Wandelhalle, einem schönen Park und verspielten Villen anno 1900. Viele deutsche Gäste kommen nicht nur zur Kur, sie brechen auch zu Wandertouren ins Isergebirge auf, das ins Riesengebirge übergeht. Schönste Unterkunft weit und breit ist die **INSIDER TIPP** *Villa Vital (12 Zi. | Tel. 7 57 81 63 00 | www.villa vital.pl | €€)* mit Kaminrestaurant, romantischen Zimmern und großem Garten. Spaß macht auch die Thaiküche: Hier können Sie Ihre Halbpension (ohne Aufpreis) in zwei Mahlzeiten splitten.

SZKLARSKA PORĘBA (SCHREIBERHAU) (146 A3) (*ω E6*)

Die einstige Glasmachersiedlung ist heute ein weit verzweigter Kurort mit 8500 Einwohnern. Von der Talstation im Stadtteil *Marysin (Mariental)* kann man mit dem Sessellift *(Kolej Linowa Sudety | tgl. 9–16 Uhr | 20 Zł. | ul. Urocze s/n | www. sudetylift.com.pl)* auf die ☀ 1362 m hohe *Szrenica (Reifträger)* fahren, von der sich ein herrlicher Blick aufs Riesengebirge bietet. 30 Min. Fußmarsch von Szklarska Poręba entfernt befindet sich der *Wodospad Kamieńczyk (Zackelfall)*, dessen Wasser spektakulär 27 m tief hinabrauscht.

Übernachten können Sie zentral im *Hotel Sasanka* mit Wellnessbereich *(48 Zi. | ul. Słowackiego 4 | Tel. 7 57 52 80 00 | www.hotel-sasanka.pl | €€–€€€)*. Touristinformation: *ul. Pstrowskiego 1 | Tel. 7 57 54 77 40 | www.szklarskaporeba.pl*

WROCŁAW (BRESLAU)

(147 E2) *(⌕ F5)* **Polens viertgrößte Stadt (640 000 Ew.) liegt an der Oder. Der Fluss schickt sein Wasser in zahlreiche Nebenarme und Kanäle, die von über 100 Brücken überspannt werden.**

Ausgedehnte Grünanlagen, viele Studenten auf den Straßen im Zentrum, prachtvolle gotische Bauten im Wechsel mit üppigem habsburgischem Barock – das schafft einen angenehmen Rahmen für einen Besuch Breslaus. Abends, besonders im Sommer, wird der Markt (Ring) zur Bühne für schaulustige Touristen aus aller Welt, für Geschäftsleute und die neue polnische Mittelschicht.

Kaum zu glauben, dass die Stadt beinahe völlig zerstört war, als sie nach viermonatigen Kämpfen am 6. Mai 1945 vor der Roten Armee kapitulierte. Heute macht Wrocław durch sein schönes Stadtbild, sein vielfältiges kulturelles und touristisches Angebot dem ehrwürdigen Krakau Konkurrenz. Rund um die Stadt schießen neue Dienstleistungszentren aus dem Boden. Kein Wunder, dass Wrocław keine Probleme hatte, zu einem der Austragungsorte der Fußball-EM 2012 gewählt zu werden. Und 2016 darf es sich als „Europäische Kulturhauptstadt" präsentieren.

SEHENSWERTES

INSIDER TIPP ▶ CMENTARZ ŻYDOWSKI (JÜDISCHER FRIEDHOF)

Mit seinen ausgefallenen Grabmälern und altem Baumbestand einer der schönsten Friedhöfe Europas. Hier ruht u. a. Ferdinand Lassalle, einer der Begründer der deutschen Sozialdemokratie. *Tgl. 10–18, im Winter 8–16 Uhr | ul. Ślężna | www.mmw.pl/muzeum/sztuki-cmentarnej.php*

HALA STULECIA (JAHRHUNDERTHALLE)

Der Avantgardist Max Berg schuf 1913 einen Megabetonbau mit freischwebender Kuppel von 65 m Spannweite – ein Meilenstein der Architekturgeschichte, heute Unesco-Weltkulturerbe. Vor die Halle gefällt ein multimediales Wasserspiel: 300 Fontänen schießen bis zu 40 m in die Höhe; abends sind sie geheimnisvoll beleuchtet. *Tgl. 9–17 Uhr | Eintritt 12 Zł. | ul. Wystawowa 1 | www.halastulecia.pl*

MUZEUM NARODOWE (NATIONALMUSEUM)

Schlesische Kunst und eine hervorragende Sammlung mittelalterlicher Skulpturen in einem imposanten Neo-Renaissance-Bau an der Oder. *Mi–Fr, So 10–17, Sa 10–18 Uhr | Eintritt 15 Zł. | pl. Powstańców Warszawy 5 | www.mnwr.art.pl*

OSTRÓW TUMSKI (DOMINSEL)

Die Wiege der Stadt ist seit dem 19. Jh. durch die Aufschüttung eines Oderarms keine Insel mehr. In fünf großen Kirchen wird gepredigt. Sehenswert ist die *Kathedrale des hl. Johannes des Täufers*, deren Bau im 10. Jh. begann, mit drei prächtigen Kapellen im Chorumgang. Fahren Sie mit dem Lift zur ☀ INSIDER TIPP ▶ Aussichtsplattform auf dem Turm und genießen Sie den Blick über Breslau!

PANORAMA VON RACŁAWICE

Das monumentale Rundbild (120 × 15 m), 1894 im heute ukrainischen Lemberg (Lwów) entstanden, wird in einer eigens dafür gebauten Rotunde ausgestellt. Das Panorama zeigt die Schlacht beim Dorf Racławice bei Krakau, wo es polnischen Aufständischen 1794 gelang, kurz vor der dritten Teilung des Landes russische Truppen zu schlagen. *Tgl. 9–17 (Nov.–Mitte April bis 16) Uhr | Eintritt 25 Zł. | ul. Purkyniego 11 | www.panoramaraclawicka.pl*

RYNEK (MARKTPLATZ) ★

Elf Straßen münden auf den Platz, in dessen Mitte sich das im gotischen und im Renaissancestil erbaute *Rathaus* erhebt. Die schönsten *Bürgerhäuser* stehen auf der Westseite des Rings (u. a. Nr. 2 das Greifenhaus, Nr. 4 Zum Goldenen Adler, Nr. 6 und 7 Zur Goldenen und Zur Blauen Sonne). An der nordwestl. Seite verbindet sich der Markt mit dem Platz vor der Elisabethkirche, vorbei an den zwei charakteristischen kleinen Barockhäusern *Jaś und Małgosia* („Hänsel und Gretel"). An der südwestl. Ecke gelangen Sie auf den *Salzmarkt (Plac Solny)*, u. a. mit dem klassischen Gebäude der Neuen Börse und den Blumenständen in der Mitte.

UNIVERSITÄT

Das wuchtige Gebäude des Collegium Maximum mit repräsentativem Barockportal birgt im Parterre den *Longchamps-Saal* mit einer Ausstellung zur Geschichte der Uni und den prachtvollen Musiksaal *Oratorium Marianum*. Im 1. Stock gelangen Sie in die schöne **INSIDER TIPP** ▶ *Aula*

Leopoldina, ein vergoldetes barockes Gesamtkunstwerk aus Architektur, Skulpturen und Freskenmalereien, das für Konzerte und Universitätszeremonien genutzt wird. Lohnend der Aufstieg auf den ☀ *Mathematischen Turm*, von dem man einen tollen Blick hat. *Tgl. außer Mi 10–15.30 Uhr | Eintritt 12 Zł. | pl. Uniwersytecki 1 | www.muzeum.uni.wroc.pl*

ESSEN & TRINKEN

BRAUHAUS SPIŻ

Selbst gebrautes Bier, gutes Essen. 500 Jahre Tradition im Keller des Neuen Rathauses. *Rynek Ratusz 9 | Tel. 713 44 72 25 | www.spiz.pl | €€*

PIWNICA ŚWIDNICKA

Mit kunstvoll ausgemalten Gewölben ist der „Schweidnitzer Keller" im Untergeschoss des Alten Rathauses ein Augenschmaus – das Essen allerdings enttäuscht. *Rynek-Ratusz 1 | Tel. 713 69 95 10 | www.piwnicaswidnicka.com | €€*

Die barocke Aula Leopoldina ist das Herzstück des Universitätsgebäudes

INSIDER TIPP ► STEINHAUS

Neben der Synagoge wird jüdisch-polnische Kost serviert. *ul. Włodkowica 11 | Handy 5 12 93 10 71 | www.steinhaus.pl | €–€€*

VEGA ☺

Gesunde Veggie-Küche auf dem Marktplatz gleich neben dem Alten Rathaus. Viele Zutaten aus Bioanbau, Rezepte aus Fernost. Nur tagsüber geöffnet. *Sukiennice 1 | Tel. 713 44 39 34 | €*

AM ABEND

Electronic beats, Jazz, Soul, Reggae, Ska, Dub im Musikclub *Bezsenność ("Schlaflosigkeit" | tgl. ab 18 Uhr | ul. Ruska 51 | www.bezsennosclub.com).* Ein paar Schritte weiter bietet die *Niepolda-Passage,* ein kleines Karree zwischen ul. Ruska und św. Antoniego, gemütliche bis chillige Bars und Clubs. Liebhaber klassischer Musik sollten das Programm der schönen *Oper* (ul. Świdnicka 35 | Tel. 713 70 88 80 | www.opera.wroclaw.pl) und der *Philharmonie* (pl. Wolności | Forum Muzyki | www.filharmonia.wroclaw.pl) beachten.

ÜBERNACHTEN

ART-HOTEL

Moderne Übernachtungsstätte in renoviertem neogotischem Bürgerhaus des 19. Jhs. *77 Zi. | ul. Kiełbaśnicza 20 | Tel. 717 87 71 00 | www.arthotel.pl | €€€*

EUROPEUM

Angenehmes Wohnen in einem Glasbau 3 Min. vom Markt, freundliches Ambiente. *20 Zi. | ul. Kazimierza Wielkiego 27 A | Tel. 713 71 44 00 | www.europeum.pl | €€*

INSIDER TIPP ► MLECZARNIA

Die „Molkerei" in Breslaus Szeneviertel bietet Ausblick auf die Synagoge zum Weißen Storch, ein nostalgisches Interieur und eine Wohnküche, in der sich die Gäste Snacks, Tee und Kaffee zubereiten können – all das unschlagbar günstig! Auch Mehrbettzimmer. Abends herrscht im gleichnamigen Kultcafé beste Stimmung! *9 Zi. | ul. Włodkowica 5 | Tel. 717 87 75 70 | www.mleczarniahostel.pl | €*

PATIO

Gelungene Verknüpfung klassischer und moderner Architektur; schöner Lichthof und angenehme Zimmer. *50 Zi. | ul. Kiełbaśnicza 24 | Tel. 713 75 04 00 | www.hotelpatio.pl | €€*

AUSKUNFT

TOURISTENINFORMATION

Rynek 14 | Tel. 713 44 31 11 | www.wroclaw.pl

ZIELE IN DER UMGEBUNG

INSIDER TIPP ► LUBIĄŻ (LEUBUS)

(147 D1) (𝄞 E5)

In dem 50 km nordwestl. gelegenen Dorf befindet sich die erste Zisterzienserklosteranlage Schlesiens (1162), die zugleich die größte Europas ist, davon legen schon die Dachfläche (2,5 ha) und die Fassadenlänge (230 m) Zeugnis ab. Der „schlesische Rembrandt" Michael Willmann verbrachte hier 35 Jahre seines Lebens und ist seit 1706 in Lubiąż begraben. *April–Sept. tgl. 9–18, Okt.–März 10–15 Uhr | Eintritt 15 Zł. | www.fundacja lubiaz.org.pl*

OLEŚNICA (OELS) (147 F1–2) (𝄞 F5)

In der 36 000-Ew.-Stadt, 30 km nordöstlich, befindet sich das mächtigste Renaissanceschloss Schlesiens. Sehenswert auch die spätgotische Schlosskirche St. Johannes, das Rathaus am Ring und die barocke Dreifaltigkeitskirche.

VON KRAKAU BIS PRZEMYŚL

Es lohnt sich unbedingt, einmal von touristisch vorgegebenen Routen abzuweichen und einen Krakau-Besuch zum Anlass zu nehmen, um Polens unbekannten Südosten zu erkunden.

Noch prägen schachbrettartig angelegte, wellige Felder, Holzhäuser und -kirchen, glanzvolle Adelsresidenzen und malerische Burgruinen das dünn besiedelte Land. Unverkennbar jedoch verdrängen Autos und moderne Landmaschinen das noch vor wenigen Jahren allgegenwärtige Pferd von Straßen und Feldern. Noch gibt es handgeschnitztes Holzspielzeug zu kaufen, doch immer mehr Plastikramsch wird auf den Märkten angeboten. Bunte Reklameschilder vereinheitlichen zunehmend das Aussehen der Ortschaften. Dennoch lohnt es sich einmal hinzufahren! Lublin, Zamość und Krakau bergen wahre Architekturwunder und interessante Museen. Die Atmosphäre dieser Städte wird geprägt von Renaissancebauten, die den Orten fast italienisches Flair verleihen. Wenig bekannte Gebirge, die Beskiden und die Bieszczady mit ihren sanften, bewaldeten Kämmen, laden zum Wandern ein, genau wie die Hohe Tatra. Ein Besuch im Wallfahrtsort Tschenstochau veranschaulicht, wie wichtig den Polen ihr Glaube noch immer ist. Allerorten stößt man zwischen Krakau und Przemyśl auch auf Überbleibsel der Welt des jiddischen Stetl. Nicht weit von Krakau liegt Auschwitz, wo diese Welt ausgelöscht wurde und ca. 1,1 Mio. Menschen, die meisten davon Juden, ermordet wurden.

Bild: der Hauptmarkt (Rynek Główny) von Krakau

Neben der städtebaulichen Perle Krakau gibt es sie noch – die Welt der Holzhäuser und Adelsresidenzen

KRAKAU

KARTE AUF SEITE 91

(140 B4) (*H7*) **Keine polnische Stadt wird auch nur im Entferntesten so verehrt und bewundert wie Kraków (760 000 Ew.). Es gibt unzählige Gründe, diese Stadt zu erkunden.**

Hier, auf dem Wawel, befinden sich der Krönungsort und die Grablege der polnischen Könige. Im Zweiten Weltkrieg nicht zerstört, präsentiert Krakau heute

WOHIN ZUERST?

Rynek Główny: (91 B1) (*h1*): Der „Hauptmarkt" liegt im Zentrum Krakaus. Vom Zug- als auch vom Busbahnhof, die sich unmittelbar nordöstlich der Altstadt befinden, ist er in wenigen Gehminuten erreicht. Vom Rynek laufen Sie – wie einst Polens Könige – über die ul. Grodzka zur Wawelburg hoch über der Weichsel.

Hort der Wissenschaft: Sitzungssaal im Collegium Maius der Krakauer Universität

allein im Stadtzentrum 140 Kirchen und rund 5500 denkmalgeschützte Gebäude. Krakau beherbergt die 700 Jahre alte Jagiellonen-Universität und viele weitere Hochschulen, Studenten prägen das Stadtbild. Theater, Kabaretts, Ausstellungen, stimmungsvolle Cafés und Restaurants, das bunte Treiben auf dem Hauptmarkt und gleichzeitig das allgegenwärtige Gefühl der jahrhundertealten Kontinuität, all das macht den Zauber Krakaus aus.

Nähere Informationen finden Sie im MARCO POLO Band „Krakau".

SEHENSWERTES

COLLEGIUM MAIUS (91 B1) (⬚ h1)

Das Museum der 1364 gegründeten Jagiellonen-Universität, zugleich eines der ältesten Universitätsgebäude Europas, zeigt in seinen prächtigen Innenräumen eine Sammlung historischer Forschungsgeräte und gibt Einblicke in den mittelalterlichen Wissenschaftsbetrieb. *Mo, Mi, Fr/Sa 10–14.20, Di, Do 10–17.20 Uhr | Eintritt 12 Zł. | ul. Jagiellońska 15 | www. maius.uj.edu.pl*

DROGA KRÓLEWSKA (KÖNIGSWEG)
(91 B–C1) (⬚ h–j1)

Gehen Sie nach der Wawel-Besichtigung in die *ul. Grodzka.* Am *Plac św. Marii Magdaleny* stellen rechter Hand die prächtige barocke *St.-Peter-und-Paul-Kirche (Kościół św. Piotra i Pawła)* mit den zwölf Aposteln über dem Tor und die karge romanische *St.-Andreas-Kirche (Kościół św. Andrzeja)* einen interessanten Kontrast dar. Sehr schön auch an der nächsten Kreuzung (rechts) die gotische *Dominikaner-* und (links) die *Franziskanerkirche*, wo Sie die Jugendstilfenster des Malers und Schriftstellers Stanisław Wyspiański bewundern können. Über den Marktplatz gehen Sie in die *ul. Floriańska*, eine Fußgängerzone mit reich dekorierten Bürgerhäusern. In Nr. 45 finden Sie die *Jama Michalikowa*, eines der traditionsreichsten Cafés der Stadt, wo einst Künstler ihre Rechnungen mit Zeichnungen und Karikaturen an den Wänden beglichen. Am Ende der Straße befindet sich das *Florianstor (Brama Floriańska)* aus dem 14. Jh., dahinter die mächtige *Barbakane*, ein rundes Vorwerk aus dem 15. Jh., Teil der einstigen Stadtmauer.

KAZIMIERZ (91 C3) (*ılı j3*)
In dem Stadtteil, wo einst Krakaus arme und orthodoxe Juden lebten, sind viele Zeugnisse ihres Lebens erhalten. Der belebte Mittelpunkt des Viertels liegt in der *ul. Szeroka*. An der *Remuh-Synagoge (So–Do 9–16, Fr 9–15 Uhr | ul. Szeroka 40)* befindet sich der älteste jüdische Friedhof Polens. Über die Geschichte, Kultur und Bräuche der Krakauer Juden informiert das *Jüdische Museum* in der Alten Synagoge *(Stara Synagoga | Mo 10–14, Di–So 9–17 Uhr | ul. Szeroka 24 | www.mhk.pl)*. Das *Zentrum der Jüdischen Kultur (Mo–Fr 10–18, Sa/So 10–14 Uhr | ul. Meiselsa 17 | www.judaica.pl)* bietet Literatur und Ausstellungen zum Thema. Was vom jüdischen Erbe im Osten Polens übrig blieb, zeigen 135 großformatige Fotos im *Galizischen Museum (Żydowskie Muzeum Galicja | tgl. 10–18 Uhr | Eintritt 15 Zł. | ul. Dajwór 18 | www.galiciajewishmuseum.org)*. Angeschlossen sind eine Judaica-Buchhandlung und ein Café, das auch Koscheres serviert. Auf dem Gettogelände im nahen Stadtteil Podgórze können Sie in dem *Apteka pod Orłem („Adler-Apotheke" | Mo 10–14, Di–So 9–17 Uhr | pl. Bohaterów Getta 18)* eine Ausstellung über das Krakauer Getto besichtigen. In der *ul. Lipowa 4* steht die ehemalige **INSIDER TIPP** *Schindler-Fabrik (Fabryka Schindlera | Mo 10–14, Di–So 10–18 Uhr, 1. Mo im Monat geschl., letzter Einlass 90 Min. vor Schließung | Eintritt 19 Zł. | www.mhk.pl)*, wo Steven Spielberg seinen Film „Schindlers Liste" drehte. Nicht nur die Geschichte der Errettung von ca. 1000 Juden durch den SS-Mann und Kriegsgewinnler Oskar Schindler wird hier vorgestellt. Im *Museum Krakau während der nationalsozialistischen Besatzungszeit 1939–45* erhält man Einblick in den Kriegsalltag der Bewohner, die Gettoisierung und Ermordung der Krakauer Juden, aber auch in Widerstandsaktionen. Film-

und Radioaufnahmen, Alltagsgegenstände und Originaldokumente sorgen für eine anschauliche Präsentation. Lohnend ist auch ein Blick in das *Museum für Zeitgenössische Kunst MOCAK (Muzeum Sztuki Współczesnej | Di–So 11–19 Uhr | Eintritt 10 Zł. | ul. Lipowa 4 | www.mocak.pl)*, das in großzügigen Räumen hinter der Schindler-Fabrik Installationen, Gemälde und Skulpturen zeigt.

MUZEUM TADEUSZA KANTORA/ CRICOTECA (0) (*ılı 0*)
Tadeusz Kantor (1915–90) Polens berühmtestem Theatermann, ist ein spektakuläres, multimediales Museum am

---

linken Weichselufer gewidmet. Wechselausstellungen zeigen von ihm inspirierte zeitgenössische Kunst. *ul. Nadwiślańska s/n | www.cricoteka.pl*

RYNEK GŁÓWNY (HAUPTMARKT) ★

(91 B1) *(ɳ h1)*

Mit 200 m langen Seiten ist er einer der größten mittelalterlichen Plätze Europas. In der Mitte stehen seit dem 13. Jh. die *Tuchhallen,* die im 16. Jh. nach einem Brand im Stil der Spätrenaissance wieder aufgebaut wurden. Unter ihnen befindet sich das spektakuläre *Museum des Unterirdischen Markts (Podziemnia Rynku | Mo 10–20, Di 10–16, Mi–So 10–20 Uhr | Eintritt 17 Zł | www.podziemiarynku.com).* Und oben entdeckt man die *Galerie Polnischer Meister* des 19. Jhs. mit Aussichtsterrasse *(Di–Sa 10–20, So 10–18 Uhr | 12 Zł).* In der *Marienkirche (Mo–Sa 11.30–18, So 14–18 Uhr | www.mariacki.com)* aus dem 14. Jh. können Sie den herrlichen *Marienaltar* von Veit Stoß bewundern,

ein spätmittelalterliches Meisterwerk. Zu jeder vollen Stunde bläst ein Feuerwehrmann vom höheren Turm der Kirche den Alarmruf, der Krakau im 13. Jh. einst vor einem Mongolenangriff bewahrte.

WAWEL (91 B2–3) *(ɳ h2–3)*

Die Burg auf einem Hügel ist der wichtigste historische Ort in Polen: Sitz, Krönungsort und Grablege der polnischen Könige. In der *Krönungskathedrale (Mo–Sa 9–17, So 12.30–17 Uhr)* befinden sich die Sarkophage polnischer Herrscher, von Nationalhelden wie Marschall Józef Piłsudski und der beiden romantischen Dichter Adam Mickiewicz und Juliusz Słowacki. Gegen den Widerstand vieler Polen wurde hier 2010 auch der bei einem Flugzeugabsturz umgekommene Präsident Lech Kaczyński mit seiner Frau beigesetzt. Vom ☀ *Sigismund-Turm* blicken Sie über Krakau; vom Arkadenhof gelangen Sie in die prächtigen Repräsentationssäle und in die königlichen Gemä

Im arkadengesäumten Innenhof beginnt das Staunen – und der Rundgang durch den Wawel

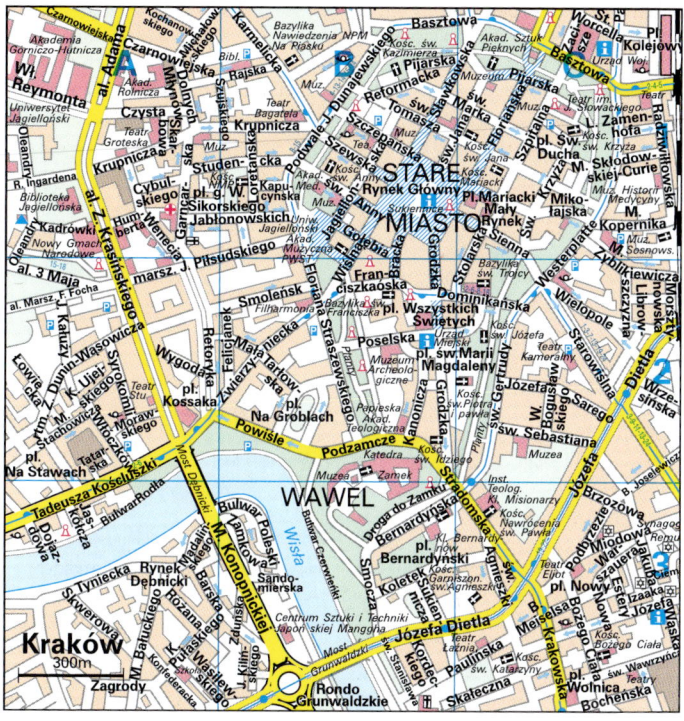

cher mit der größten Gobelin-Sammlung der Welt, in die Schatzkammer und in eine Ausstellung türkischer Kriegsbeute, die der polnische König Jan Sobieski 1683 bei Wien gemacht hat. *Mo 9.30–13 (ohne königl. Gemächer), Di–Fr 9.30–17, Sa/So 10–17 Uhr | Kombiticket 60 Zł. | Reservierung (1 bis 2 Tage vorher): Tel. 124 22 16 97 | www.wawel.krakow.pl*

ESSEN & TRINKEN

CAMELOT ● **(91 B1)** (*m̄ h1*)

In charmanter Kaffeehausatmosphäre werden köstliche Kleinigkeiten (Salate, Baguettes, Kuchen etc.) serviert. Außerdem Konzerte, Ausstellungen. *ul. św. Tomasza 17 | Tel. 124 21 01 23 | €*

WENTZL/MARCELLO **(91 B1)** (*m̄ h1*)

Im Obergeschoss feine polnische Küche inmitten überbordender Blumenstillleben, im Erdgeschoss mediterrane Klassiker. *Rynek Główny 19 | Tel. 124 26 30 08 | www.wentzl.pl | €€€*

EINKAUFEN

Am liebsten kaufen die Krakauer in den Einkaufszentren ein, die die Altstadt „umlagern". Das größte ist die *Galeria Krakowska (www.galeria-krakowska.pl)* am Hauptbahnhof. Auf Tausenden Quadratmetern gibt es internationale Markenläden und Boutiquen, Bars und Bistros, Cafés und ein Megakino. Gleichfalls beliebt ist die *Galeria Kazimierz* im ehemals jüdischen Viertel *(www.galeriakazimierz. pl)*. Wer es traditioneller mag, besucht den 🌱 Wochenmarkt im Viertel Kleparz nördlich der Altstadt. In den Gassen des Zentrums können Sie von der Bernsteingalerie bis zum Delikatessenshop kleine kuriose Läden entdecken.

AM ABEND

Guten Livejazz gibt's im *U Muniaka (tgl. 19–2 Uhr | ul. Floriańska 3* (91 C1) *(𝄞 j1))*. Nettes Publikum besucht die kleine Bar *Święta Krowa* („Die heilige Kuh") zu guter Musik *(tgl. 18–3 Uhr | ul. Floriańska 16* (91 C1) *(𝄞 j1))*. Gleiches gilt für den Evergreen *Pauza:* Versteckt im 1. Stock der zentralen *Floriańska 18* (91 C1) *(𝄞 j1)* befindet sich diese Kultbar mit House Musik *(tgl. 10–24 Uhr)*. Ausgefallene Cocktails in einem Renaissance-Innenhof bzw. in karminrot gestylten Räumen bietet die *Buddha-Bar* am Rynek *(Rynek Główny 6* (91 B1) *(𝄞 h1) | tgl. 12–1 Uhr | www.budda-drink.com.pl)*.

Liebhabern klassischer Musik ist die Krakauer Philharmonie *(Filharmonia Krakowska)* zu empfehlen *(ul. Zwierzyniecka 1* (91 B2) *(𝄞 h2) | Kartentel. 124 29 13 45 | www.filharmonia.krakow. pl)*. Das schöne *Słowacki-Theater (pl. św. Ducha 4 | www.slowacki.krakow.pl)* bringt Musik von Klassik bis Chanson.

ÜBERNACHTEN

COPERNICUS 🌿 (91 B2) *(𝄞 h2)*
Vorbildlich restauriertes Mittelalterpalais mit Fresken aus dem 13. Jh., Stilmöbeln und Pool im Backsteinkeller. *29 Zi. | ul. Kanonicza 16 | Tel. 124 24 34 00 | www. hotel.com.pl | €€€*

LA FONTAINE (91 B1) *(𝄞 h1)*
Nur 50 m vom Marktplatz: *Bed & Breakfast* nennen die französischen Besitzer bescheiden ihre Unterkunft, dabei bieten sie modernen Apartmentkomfort, dazu ein gutes Büfetfrühstück im mittelalterlichen Keller. *7 Ap. | ul. Sławkowska 1 | Tel. 124 22 65 64 | www.bblafontaine. com | €€*

QUBUS (O) *(𝄞 O)*
Der Viersterne-Glaspalast steht am linken Weichselufer im Viertel Podgórze. Über eine Fußgängerbrücke gelangt man ins jüdische Kazimierz. Von einigen Räumen genießt man den Blick über die Weichsel bis zum Wawel, so auch im Frühstücksrestaurant. Klasse der 🌿 Pool im obersten Stock, in dem man auf Augenhöhe mit der Königsburg schwimmt! *194 Zi. | ul. Nadwiślańska 6 | Tel. 123 74 51 00 | www. qubushotel.com | €€€*

RUBINSTEIN (91 C3) *(𝄞 j3)*
Das ruhige, angenehme Hotel liegt an der ul. Szeroka und damit im Herzen des alten jüdischen Viertels Kazimierz. Alte Mauerreste sind geschickt mit modernem Design kombiniert. Schöne Dachterrasse und elegantes Restaurant. *22 Zi., 5 Ap. | ul. Szeroka 12 | Tel. 123 84 00 00 | www.hotelrubinstein.com | €€*

INSIDER TIPP ▶ WARSZAWSKI
(91 C1) *(𝄞 j1)*
Hier zahlen Sie kaum mehr als für ein Doppelzimmer im Hostel, doch bekommen dafür fast Viersternekomfort: Das Traditionshotel von 1891 steht gegenüber vom Hauptbahnhof und vom Einkaufszentrum *Galeria Krakowska* am Eingang zur Altstadt. Drinnen ist alles tipptopp, blitzblank und komfortabel. Die Zimmer haben Marmorbäder in Beige, Kupfer oder Schwarz, das Frühstücksbüfett ist üppig, das Personal freundlich. Gratis-WLAN. *40 Zi. | ul. Pawia 6 | Tel. 124 24 21 00 | www.hotelwarszawski.pl | €€*

AUSKUNFT

TOURISTENINFORMATION
(91 B2) (📖 h2)

Im Wyspiański-Pavillon am Plac Wszyst-kich Świętych 3–4 (u.a.) | tgl. 9–19 Uhr | Tel. 126 16 18 86 | www.infokrakow.pl

Hunderttausende Gläubige aus ganz Polen *(Klasztor Jasna Góra tgl. 5–21.30, Kapelle der Schwarzen Madonna 6–12, 15–19.15, 21–21.15, 600-Jahr-Museum 11–16.30, Zeughaus 9–17, Schatzkammer 8–16.30, Kirchturm 8–16 Uhr | www.jasna gora.pl).* Einen Abstecher lohnt die Ruine

Hunderttausende pilgern jedes Jahr zur Schwarzen Madonna im Kloster von Częstochowa

ZIELE IN DER UMGEBUNG

CZĘSTOCHOWA (TSCHENSTOCHAU)
(140 A3) (📖 G–H6)

160 km von Krakau in Richtung Łódź liegt das Kloster der Paulinermönche auf Jasna Góra, dem Hellen Berg. Der Ort ist der Mutter Gottes und Königin Polens geweiht. Der Legende nach hat sie das Kloster 1655 vor der Erstürmung durch die Schweden gerettet: Die Mönche trugen das Marienbild auf den Mauern des brennenden Klosters herum – daher stammt angeblich auch die dunkle Färbung der ⭐ *Ikone der Schwarzen Madonna.* Zu ihr pilgern jedes Jahr im August

der *Burg Olsztyn,* 20 km südöstlich von Tschenstochau. Im Herbst zieht dort ein Feuerwerk mit Lasershow Besucher an.

KALWARIA ZEBRZYDOWSKA
(140 B5) (📖 H7)

44 km südwestl. von Krakau liegt das Sanktuarium aus dem 17. Jh. 40 Stationen des Leidenswegs Christi mit Kirchen und Kapellen bilden einen Komplex, der sich über 6 km erstreckt und zum Unesco-Welterbe zählt. Wadowice, wo Karol Wojtyła, der spätere Papst Johannes Paul II., am 18. Mai 1920 geboren wurde, liegt nur 14 km weiter. *Mai–Sept. 9–13, 14–18, Okt.–April 9–12, 13–16 Uhr*

OŚWIĘCIM (AUSCHWITZ) ★
(140 A4) (💷 H7)

60 km westlich von Krakau, bei der kleinen Industriestadt Oświęcim, erinnern Baracken, Wachtürme und Stacheldrahtzäune, Verladerampen, Hinrichtungsmauern und Krematorien an den von den Nationalsozialisten begangenen Völkermord. Mehr als 1,1 Mio. Menschen aus 28 Nationen, darunter knapp 1 Mio. Juden, sind in Auschwitz-Birkenau, dem größten Konzentrationslager, das die SS in Hitlers Auftrag 1940 und 1942 bauen ließ, ermordet worden. Heute sind das *und ab 15 Uhr, sonst obligatorische, deutschspr. Gruppenführung (40 Zł.), im Winter frei | ul. Więźniów Oświęcimia 20 | Oświęcim | Tel. 3 38 44 8100 | www.auschwitz.org.pl*

PIENINY (140 B5) (💷 H7)

Das Pieniny-Gebirge ist vor allem wegen des malerischen Dunajec-Tals berühmt. Ein beliebtes Ausflugsvergnügen sind ● Fahrten auf Flößen unter den bis zu 300 m hoch aufragenden Bergwänden. Die Flöße werden von Góralen in ihren schönen Trachten über die Stromschel

Gespannte Erwartung auf die folkloristische Floßfahrt über den Fluss Dunajec

Stammlager Auschwitz I und die Außenstelle Birkenau Museen und Gedenkstätten. *Gedenkstätte und Museum Auschwitz-Birkenau: Juni–Aug. 8–19, Mai, Sept. 8–18, April, Okt. 8–17, März, Nov. 8–16, Dez.–Feb. 8–15 Uhr, im Sommer frei bis 10* len gelenkt. Das Bergvolk der Góralen hat sich seine eigene Sprache, Musik und Volkskunst erhalten. *Abfahrt bei Sromowice Wyżne: April–Okt. tgl. 8.30–17 Uhr (im Winter kürzer) | 50 Zł. | Tel. 18 2 62 97 21 | www.flisacy.com.pl*

Am Endpunkt der Tour liegt der traditionsreiche Kurort INSIDER TIPP *Szczawnica* (140 B–C5) (*ℳ H–J7*), der sich nach dem Facelifting des oberen Viertels *(górny)* in Topzustand präsentiert: Die verspielten Holzvillen, das Kurhaus und das Kurtheater, die Trinkhalle und das Inhalatorium wurden restauriert, ohne ihren nostalgischen Charme einzubüßen. Beste Unterkunft ist das kleine Fünfsternehotel *Unter den Lärchen,* eine Villa aus den 1930er-Jahren in einem großen Park. In den Zimmern gibt es von der iPod-Docking-Station bis zum Bad mit Jacuzzi viel Komfort, im Spa wartet ein Thermalpool, im Restaurant wird feine Regionalküche serviert *(17 Zi. | Modrzewie Park | Park Górny 2 | Szczawnica | Tel. 18 5 40 04 04 | www.mpark hotel.com | €€€).*

WIELICZKA ⭐ (160 B4) (*ℳ H7*)

13 km südlich von Krakau liegt eines der ältesten Salzbergwerke Europas, das heute zum Unesco-Welterbe zählt. Zur Besichtigung wurde ein 3,5 km langer Abschnitt auf 64–135 m Tiefe freigegeben. Wunderschöne Kapellen, u. a. die *Kapelle der Heiligen Kinga,* in der vom Altar bis zum Kandelaber alles aus Salz ist, unterirdische Seen, unzählige Figuren und Fresken begeistern die Besucher. Unter Tage befinden sich auch ein Sanatorium und ein Restaurant. *Kopalnia Soli Wieliczka | April–Nov. tgl. 7.30–19.30, Nov.–März 8–16 Uhr | 80 Zł. | www. kopalnia.pl | www.wieliczka.pl*

ZAKOPANE (140 B5–6) (*ℳ H7–8*)

Am Fuß der Tatra, 100 km südlich von Krakau, liegt Polens „Winterhauptstadt" Zakopane. Der Ort wird aber auch im Sommer von vielen Touristen besucht, die Touren ins „kleinste Hochgebirge der Welt" unternehmen. Trotz der schnellen Entwicklung zum Touristenort blieb der ● historische Ortskern erhalten. Seinen ursprünglichen Charakter verdankt er der typischen Holzbauweise mit Balkonen, Terrassen und kunstvoll geschnitzten Gauben. Die meisten Villen wurden in diesem Stil erbaut, der von dem Maler Stanisław Witkiewicz in den 1880er-Jahren geschaffen wurde. Sehenswert ist die INSIDER TIPP *Hasior-Galerie (Mi–Sa 11–18, So 9–15 Uhr | ul. Jagiellońska 18 d),* in der Arbeiten des 1999 verstorbenen exzentrischen Künstlers Władysław Hasior zu besichtigen sind.

Südöstlich von Zakopane, von der *Dolina Kościeliska* aus, fahren Pferdewagen die Touristen zum schönen Bergsee *Morskie Oko* („Meerauge") in 1400 m Höhe. Von Zakopane können Sie mit der Schwebebahn auf den 1985 m hohen Berg ❄ *Kasprowy Wierch* fahren oder mit der Standseilbahn auf den Gipfel des ❄ *Gubałówka* (1120 m). Die Küche der Region lernen Sie am besten im urigen Restaurant *Gazdowa Kuźnia* kennen. Spezialität: gegrillter *oscypek,* geräucherter Schafskäse. Am Wochenende Góralen-Musik *(ul. Krupówki 1 | Tel. 18 20 17 2 01 | www.gazdowokuznia.pl | €–€€).*

Seit im 15 km östlich gelegenen Nachbarort *Bukowina Tatrzańska* (140 B5–6) (*ℳ H7–8*) mineralienreiches Heilwasser entdeckt wurde, entstand hier INSIDER TIPP *Polens größtes Therme.* Die Anlage im regionalen Architekturstil bietet je 12 Außen- und Innenpools vor einem tollen Gebirgspanorama, ein jeder ist anders gestaltet, mal als Rundbecken unter einer spektakulären Glaskuppel, mal als Bad im römischen Stil. Komfortabel übernachten Sie im Viersternehotel *Spa Bukovina* mit Fusion-Restaurant *(153 Zi. | ul. Sportowa 22 | Tel. 18 20 2 00 70 | www.hotelbukvina.pl | €€).*

ZALIPIE (140 C4) (*ℳ J6*)

Nach einer Sitte aus dem 19. Jh. bemalen die Frauen dieses Dorfes (115 km nordöstlich von Krakau) ihre Häuser in einem Wettbewerb noch heute jedes Jahr mit Blumenmustern. Das Haus der 1974 verstorbenen Malerin Felicja Curylowa wurde Museum.

SÜDOST-POLEN

Während der Norden eher streng mit Backsteingotik daherkommt, hat der Süden einen ganz anderen Charakter: Die Bürgerhäuser und Magnatenschlösser im hellen Barock oder in den Pastellfarben der Renaissance wirken elegant und immer ein wenig südländisch.

Ein buntes Gemisch von Sakralbauten verschiedener Glaubensrichtungen zeugt davon, wie viele Völker dieses Land einst ihre Heimat nannten. Friedlich stehen sie nebeneinander wie in *Włodawa* (141 F2) (*山 L5*) – die katholische Pauliner-Kirche neben der orthodoxen Mutter-Gottes-Kirche und gleich nebenan die Synagoge. Es sind Zeugen einer untergegangenen Welt. Die Juden wurden fast alle ermordet, die Ukrainer vertrieben oder umgesiedelt. Während das jüdische Leben erloschen ist, gibt es in den orthodoxen Kirchen noch Leben. An das tragische jüdische Schicksal erinnern im ehemaligen Vernichtungslager von *Bełzec* (141 F4) (*山 L6*) das riesige Steinfeld und das *Museum (April–Okt. tgl. 9–17, Nov.–März Mo–Fr 9–16 Uhr, Gedenkstätte tgl. | www.belzec.eu)*.

ZIELE IN SÜDOSTPOLEN

BIESZCZADY (141 E6) (*山 K8*)
„Waldkarpaten" nennen die Einheimischen den südöstlichsten Zipfel Polens zwischen der Slowakei und der Ukraine. Das abseits liegende, dünn besiedelte Bergland mit wilden Buchenwäldern ist der urwüchsigste Teil Polens. Typisch für diese Landschaft sind die *połoniny*, langgezogene, kahle Bergrücken oberhalb der Wälder. Große Teile der Bieszczady wurden in einen Nationalpark umgewandelt. Sie können die Gegend bequem mit dem Auto auf der Bieszczady-Ringstraße erkunden *(s. S. 107, Tour 3)*. Die Fahrt beginnt und endet in *Sanok*. Über Lesko fahren Sie bis *Ustrzyki Dolne*, wo es ein interessantes Naturkundemuseum gibt *(Muzeum Przyrody | Di–Sa 9–17, im Sommer auch So 9–14 Uhr | ul. Bełska 7)*. Über Czarna Góra und Smolnik mit hübschen Holzkirchen erreicht man den südlichsten Punkt der Strecke: *Ustrzyki Górne*. Von da aus geht es Richtung Norden über 🌼 zwei Pässe mit schönen Aussichten nach *Wetlina* im Durchbruchtal des gleichnamigen Flusses.

Ein paar Kilometer weiter kommen Sie nach *Komańcza*, wo die Kapelle der Schützenden Mutter Gottes steht, eine der drei erhaltenen Holzkirchen der Unierten (griechisch-kathol.) Lemken, einer westukrainischen Volksgruppe, die einst in den Bieszczady lebte. Die Kirche von 1802 besitzt eine Ikonostase, eine dreiflügelige Wand mit Heiligenbildern. Übernachten Sie im komfortablen *Hotel Czarna (41 Zi. | Czarna | Tel. 134 61 61 61 | www.ckrczarna.pl | €–€€)* oder im schön renovierten Herrenhaus **INSIDER TIPP** *Dwór Wola Sękowa* mit sehr gutem Essen *(13 Zi. | Nowotaniec | Tel. 134 66 42 53 | www.dworwolasekowa.com.pl | €)*.

KRYNICA-ZDRÓJ (140 C5) (*山 J7*)
Krynica-Zdrój gilt als die Perle der polnischen Kurorte. Die Kurpromenade und die schmucken Pensionen im Schweizer Stil verströmen noch den nostalgischen Charme des frühen 20. Jhs. Ein kleiner Schandfleck ist die neue Trinkhalle aus Beton, doch gibt es dort 23 verschiedene

Das Magnatenschloss von Łańcut liegt in einem Park mit sternförmigem Grundriss

Mineralwässer. Zu Ehren des Sängers Jan Kiepura, der in Krynica ein Haus hatte, findet im August ein Opernfestival statt. Das **INSIDER TIPP** *Nikifor-Museum (Muzeum Nikifora | Di–So 10–13 u. 14–17 Uhr | Bulwary Dietla 19 | www.muzeum.sacz. pl)* ehrt einen großen naiven Maler. Die ausgedehnten Naturreservate laden zu Wanderungen ein. Im Winter ist Krynica ein beliebtes Skigebiet. Wer es komfortabel mag, wählt das *Mercure Krynica Zdrój Resort & Spa (100 Zi. | ul. Leśna 1 | Tel. 18 47 77 75 00 | www.mercure-krynica-zdroj. com | €€€)*, erbaut im regionalen Bergstil. Touristinformation: *ul. Zdrojowa 4/2 | Tel. 18 471 61 05 | www.krynica.org.pl*

ŁAŃCUT ⭐ (141 D4) (⫏ K7)
Die kleine Industriestadt (17 000 Ew.) besitzt mit ihrem Magnatenschloss aus dem 17. Jh. eins der schönsten Bauwerke in Polen. Es gehörte nacheinander einigen der namhaftesten Familien Polens. Die prächtigen Räume präsentieren eindrucksvoll die Wohnkultur des Großadels. Neben dem Hoftheater, dem großen Ballsaal über zwei Geschosse, dem Spiegelkabinett und einer Skulpturengalerie beherbergt das Schloss auch eine Gemälde-, Glas- und Porzellansammlung *(Feb.– Nov. tgl. 9–15 Uhr | Sammelticket mit Führung 28 Zł. | www.zamek-lancut.pl)*. Zum Schloss gehören auch eine kleine Synagoge, das *Kutschenmuseum* in den Ställen sowie eine *Ikonen-Ausstellung (Di–So 9–16 Uhr)* im Seitenflügel. Im Mai öffnet der Ballsaal seine Türen für Musik – nicht nur für Kammermusik, **INSIDER TIPP** auch für Crossover *(www. filharmonia.rzeszow.pl)*. Und wenn Sie Ihr Haupt in einem Seitenflügel des Schlosses betten wollen, quartieren Sie sich im

Hotel *Zamek* ein *(Tel. 172 25 28 05 | www. zamkowa-lancut.pl | €€)*.

LEŻAJSK (141 E4) (*m K6*)

Das Städtchen Leżajsk (13 000 Ew.), 37 km nordwestlich von Jarosław, wäre wohl schon allein wegen seiner kostbaren Orgel im *Bernhardinerkloster* bekannt. Sie ist die schönste in Polen: Reich verzierte 5900 Pfeifen und 74 Register machen dieses Instrument, an dem bis 1729 fast 50 Jahre gebaut wurde, einzigartig. Einzigartig ist aber auch die Pilgerfahrt von Tausenden von Juden Mitte März zum Grab des Wunderrabbiners Elimelech auf dem jüdischen Friedhof.

LUBLIN (141 E2) (*m K5*)

Die größte polnische Stadt (310 000 Ew.) östlich der Weichsel wurde 1317 gegründet. Seine Blütezeit erlebte Lublin in der Renaissance, als dort viele bedeutende Dichter und Bildhauer tätig waren. Das Schloss auf dem Burghügel wurde nach seiner Zerstörung im neogotischen Stil wieder aufgebaut, von der Burg ist nur der Turm aus dem 13. Jh. übrig geblieben. Dort befinden sich jetzt ein *Museum* mit volkskundlicher Abteilung, eine Gemäldegalerie mit Bildern des Malers Jan Matejko und eine Ikonensammlung *(Muzeum Lubelskie | Di–So 10–17, im Winter bis 16 Uhr | ul. Zamkowa 9 | www. zamek-lublin.pl)*. Der wertvollste Bau auf dem Burggelände ist die von Władysław Jagiełło 1395 gestiftete **INSIDER TIPP** ▸ *Dreifaltigkeitskapelle,* die im Halbstundentakt besichtigt werden kann. Ihr Gewölbe ruht auf einem einzigen Pfeiler und ist vollständig mit byzantinisch-russischen Wandmalereien bedeckt – ein Unesco-Weltkulturerbe. Den Altstadtkern bilden mittelalterliche Straßenzüge mit den Resten der Stadtmauer und dem *Krakauer Tor (Brama Krakowska)*, von dem die ul. Bramowa zum Marktplatz führt. In seiner Mitte thront das klassizistische *Alte Rathaus*, an seinen Seiten und in den benachbarten Straßen stehen prächtige Bürgerhäuser aus dem 16.–18. Jh. und das *Dominikanerkloster* im Renaissancestil. Bemerkenswert ist die *Kathedrale* mit ihrer „Flüstersakristei", in der der kleinste Laut deutlich zu hören ist.

Lublin ist Sitz der katholischen Universität KUL, an der seinerzeit Karol Wojtyła, der spätere Papst Johannes Paul II., gelehrt hat. An der Hauptstraße des modernen Lublin, der *Krakowskie Przedmieście*, stehen prunkvolle Gebäude wie z. B. unter der Nr. 56 das *Grand Hotel Lublinianka (72 Zi. | Tel. 8 14 46 61 00 | www. lublinianka.com | €€€)*.

Im südöstlichem Vorort Lublins, Majdanek, legten die Nationalsozialisten 1941/42 ein Vernichtungslager an, in dem etwa 400 000 Menschen ermordet wurden. In den übriggebliebenen Lagerbaracken befindet sich heute

LOW BUDG€T

▸ Das *Hostel Momotown* im Krakauer Stadtteil Kazimierz *(40 Betten | ul. Miodowa 28* **(91 C4)** *(m j4) | Tel. 12 4 29 69 29 | www.momotown hostel.com)* verschafft müden Reisenden günstige Ruheplätze: Das Bett im Schlafsaal kostet 50 Zł.

▸ In der Krakauer *Bar Grodzki (ul. Grodzka 50* **(91 B3)** *(m h3))* gibt es Mittagessen ab 10 Zł.

▸ In vielen Krakauer Jazzclubs gibt es Jam Sessions bei freiem Eintritt oder zu sehr niedrigen Preisen (10–30 Zł.). Zu empfehlen: *Harris Piano-Jazzbar (Rynek Główny 28* **(91 B1)** *(m h1))*.

ein *Museum (Państwowe Muzeum na Majdanku | tgl. 9–18, Nov.–März 9–16 Uhr) | ul. Droga Męczenników Majdanka 67 | www.majdanek.pl)*. Touristeninformation: *Lubelski Ośrodek Informacji Turystycznej LOIT | ul. Jezuicka 1/3 | Tel. 8 15 32 44 12 | www.lublintravel.pl*

PRZEMYŚL (141 E5) ( K7)

Die Stadt (67 000 Ew.) liegt malerisch am Ufer des Flusses San. Lohnenswert ist der Besuch des *Marktplatzes*, der *Kathedrale*, der *Franziskanerkirche* und des *Schlosses* mit dem angrenzenden Stadtpark. Vom Schloss sieht man die Türme und Kuppeln der orthodoxen Kirchen, die bis heute der ukrainischen Minderheit gehören. Festungsbauten und Bürgerhäuser erinnern an die lange habsburgische Präsenz. Przemyśls neues *Nationalmuseum* beleuchtet die faszinierende Multikulti-Geschichte der Region *(Muzeum Narodowe | Mo geschl. | pl. Bera Joselewicza 1 | muzeum.przemysl. pl)*. Am schönsten übernachten können Sie 10 km südlich der Stadt in Krasiczyn, einem imposanten Renaissanceschloss aus dem 15. Jh. *(Hotel Zamkowy | 92 Zi. | Tel. 166 71 83 21 | www.krasiczyn.com.pl | €€)*. Touristenzentrum: *Rynek 26 | Tel. 166 75 16 64 | www.przemysl.pl*

RZESZÓW (141 D4) ( K7)

Die Hauptstadt der Region (155 000 Ew.) wartet mit einer schön restaurierten Altstadt, Barockkirchen und Palästen auf. Kopfsteingepflasterte Gassen führen zum Marktplatz *(Rynek)*, der von pastellfarbenen Bürgerhäusern gesäumt ist. An seinem Rand steht das schlossartige Rathaus. Nebenan steigt man zur *Unterirdischen Route* hinab: ein spannender Gang durch Rzeszóws Kellerlabyrinth *(Podziemna Trasa Turystyczna | Di–Sa 10–16, So 12–17 Uhr | Rynek 12)*. Gleichfalls am Platz befindet sich das *Ethnografische*

Museum (Muzeum Etnograficzne | Di–Do 9–15.30, Fr 10–17.30, So 9–15 Uhr | Rynek 6), das naive Kunst, volkstümliche Möbel und Heiligenschreine zeigt. Ein paar Gehminuten entfernt wird im ehemaligen Piaristenkloster, heute Regionalmuseum, polnische Kunst gezeigt *(Muzeum Historii*

Hübsch eingerahmt vom Glockenturm: die Franziskanerkirche von Przemyśl

Miasta | Di–Do 9–15.30, Fr 10–17.30, So 9–15 Uhr | 3 Maja 19). Nicht weit ist es vom Rynek zur ul. Bożnicza, wo gleich zwei Synagogen stehen: Die *Altstädtische Synagoge (Nr. 4)* dient heute als Städtisches Archiv, die *Neustädtische Synagoge* als Galerie *(Ecke Sobieskiego 18).* Eine „Jüdische Suite" gibt es im **INSIDER TIPP** *Grand Hotel (41 Zi. | ul. Dymnickiego 1 a | Tel. 17 2 50 00 00 | www. grand-hotel.pl | €€€),* Rzeszóws bester Unterkunft. Eindrucksvoll ist das weite, von einer Glaskuppel überspannte Hotelatrium, in dem sich das Restaurant und Bars befinden. Toll das Frühstücksbüfett und das 24 Std. geöffnete Spa!

SANDOMIERZ (141 D3) (*ΩΩ K6*)

Am linken Weichselufer auf sieben Hügeln erbaut, hat sich das Renaissancestädtchen mit seinen verwinkelten Gassen den Charme vergangener Zeiten bewahrt. Man sagt, dass jeder, der Sandomierz (22 000 Ew.) einmal gesehen hat, sich danach sehnt, zurückzukommen. So auch angeblich der sowjetische Oberst Skopenko, der die Stadt 1945 befreite. Er ließ sich auf dem Friedhof von Sandomierz beisetzen. In dem geschlossenen Altstadtkomplex stehen die Sehenswürdigkeiten nah beieinander: am Marktplatz das *Renaissancerathaus* und der *Palast* des Rittergeschlechts Oleśniki, in dem sich heute das Regionalmuseum befindet *(beide Di–So 9–16 Uhr | www. zamek-sandomierz.pl),* in der Mariacka-Gasse die gotische *Kathedrale* und auf dem Hügel westlich davon die spätromanische *Dominikanerkirche St. Jacobus.* In diesem wertvollsten Baudenkmal der Stadt werden die Gebeine der Mönche ausgestellt, die im 13. Jh. von den Tataren ermordet wurden. Nördlich vom Markt stehen das *Benediktinerkloster* und die *St.-Michael-Kirche* mit ihrem barocken Inneren. Vom ☀ *Opatowska-*

Stadttor aus dem 16. Jh. haben Sie einen schönen Blick. Übernachten Sie wie ein König im 28 km entfernten Schloss *Baranów Sandomierski,* auch „kleiner Wawel" genannt: *Zespół Zamkowo – Parkowy w Baranowie Sandomierskim (29 Zi./Ap. | ul. Zamkowa 20 | Tel. 158 11 80 39 | www. baranow.motronik.com.pl | €–€€).*

SANOK (141 D5) (*ΩΩ K7*)

Das Städtchen Sanok (37 500 Ew.) liegt malerisch auf einer Bergterrasse oberhalb des Flusses San. Im Krieg war die Stadt stark zerstört, die gesamte jüdische Bevölkerung wurde ermordet. Die wichtigste Sehenswürdigkeit ist das *Schloss* aus dem Mittelalter, später im Renaissancestil ausgebaut. Dort zeigt das *Historische Museum* die größte Ikonensammlung Polens sowie die surrealistischen Bilder des aus Sanok stammenden Malers Zdzisław Beksiński *(Muzeum Historyczne | Juni–Okt. Mo 8–12, Di–So 9–17, Nov.–Mai Mo 8–12, Di/Mi 9–17, Do–So 9–15 Uhr | ul. Zamkowa 2 | www. muzeum.sanok.pl).*

Am rechten San-Ufer, im Stadtteil Biała Góra, befindet sich auf einem weitläufigen Gelände eines der größten Freilichtmuseen Polens. Es ist der untergegangenen bäuerlichen Welt der Lemken und Bojen gewidmet: *Skansen (Mai–Sept. tgl. 8–18, Okt. 8–16, Nov.–März 8–14, April 9–16 Uhr | ul. Traguta 3 | www. skansen.sanok.pl).* Das *Hotel Jagielloński* bietet Ihnen guten 3-Sterne-Komfort *(22 Zi. | ul. Jagiellońska 49 | Tel. 13 4 64 12 94 | www.hoteljagiellonski.bieszczady24.pl | €€). www.sanok.pl*

ZAMOŚĆ ★ (141 E3) (*ΩΩ L6*)

Zamość, das „Padua des Nordens", entstand als utopischer Architektenentwurf der Renaissance. Der Großkanzler Jan Zamoyski ließ sein Schloss und die Stadt im 16. Jh. von dem italienischen Baumeister

Bernardo Morando entwerfen. Heute erstrahlt das Unesco-Welterbe (58 400 Ew.) in der Schönheit seiner restaurierten Renaissancebauten.

Das Zentrum der Stadt besteht aus dem quadratischen Großen Markt, der von pastellfarbenen Kaufmannshäusern ge-

Architekten Morando (Nr. 25). In einer Seitenstraße *(ul. Staszica 37)* wurde 1870 Rosa Luxemburg geboren. Eine kleine Gedenktafel erinnert an die Sozialistin. Am Markt steht auch die dreischiffige *Kollegiatskirche.* Von der multikulturellen Vergangenheit der Stadt zeugen die *grie-*

Arkadenhäuser der Renaissance säumen den Marktplatz der „idealen Stadt" Zamość

säumt ist. Die schönsten stehen auf der Nordseite und gehörten Kaufleuten aus Armenien, die sich seit 1585 in Zamość angesiedelt hatten. Im „Haus zum Engel" ist heute das *Regionalmuseum* (Stadtgeschichte) untergebracht *(Di–So 9–16 Uhr | ul. Ormiańska 30).* Erkundigen Sie sich hier nach der *Unterirdischen Route* durch die Kellergewölbe des Rathauses *(Trasa Turystyczna podziemnach oficyn Ratusza | Di–So 9–16 Uhr).* Gegenüber, an der Südfront, steht das Haus des

chisch-orthodoxe Kirche, die *Synagoge (ul. Pereca)* und die *Kathedrale (ul. Kolegiacka).* Ein paar Gehminuten südlich der Altstadt befindet sich die *Rotunde,* in der deutsche Soldaten nach dem Einmarsch 1939 mehrere Tausend Juden erschossen *(April–Okt. 7–20 Uhr).* Zum Übernachten bietet sich das *Hotel Zamojski* mit Blick auf den Marktplatz an *(53 Zi. | ul. Kołłątaja 2–6 | Tel. 8 46 39 25 16 | €–€€).* Touristinformation: *Rynek Wielki 3 | Tel. 8 46 39 22 92 | www.zamosc.pl*

AUSFLÜGE & TOUREN

Die Touren sind im Reiseatlas, in der Faltkarte und auf dem hinteren Umschlag grün markiert

① EINE KLEINE REISE IN DIE GESCHICHTE UND ZURÜCK

Diese kleine Zeitreise führt Sie von den Anfängen des polnischen Staates in Gniezno bis zu Europas ältester erhaltener Hallstadt-Siedlung aus vorchristlicher Zeit nach Biskupin. Dann geht es zu den Burgruinen aus dem 14. Jh. am Gopło-See und zu einer moralischen Belehrung auf den romanischen Säulen in Strzelno. Der letzte Reisepunkt mit den Piktogrammen in den Feldern von Wylatowo führt in die Gegenwart zurück. Die landschaftlich reizvolle Strecke ist ca. 180 km lang, sie beginnt und endet in Gniezno (Gnesen). Die Tour kann man zwar auch gut als Tagesausflug planen, aber lassen Sie es lieber gemächlicher angehen und legen Sie eine Übernachtung ein.

Der Ausflug beginnt in Gniezno (Gnesen) → S. 56, der ersten Hauptstadt Polens und Krönungsort des ersten polnischen Königs. Die freundliche Kleinstadt mit einer einheitlichen Architektur von zweigeschossigen Häusern ist auf dem Weg, sich zu einem kleinen Juwel zu entwickeln. Besonders schön sind die restaurierten Gebäude in der Fußgängerzone, wo sich gemütliche Cafés und Restaurants aneinanderreihen. Empfehlenswert ist das *Café* des Hotels *Gniezno (ul. Bolesława Chrobrego 3 | Tel. 6 14 26 14 97 | www.pietrak.pl)*. Vom Café geht man über den *Rynek* (Marktplatz) und sieht schon von Weitem die „Mutter der polnischen Kathedralen". Der goti-

---

Bild: Details am „Gnesener Tor" in Gniezno

Ein Land in Ausschnitten: Gnesen, Warschau und Przemyśl sind die Ausgangspunkte für drei abwechslungsreiche Kurzreisen

sche Bau aus dem 14./15. Jh wurde über seinem Vorgängerbau errichtet, einer Kirche aus dem 10. Jh., von der nur noch das *Gnesener Tor* übriggeblieben ist, eines der wertvollsten Kunstwerke aus der Zeit der Romanik in Polen.

Aus Gniezno fahren Sie weiter auf der Landstraße 5 nach Norden und biegen nach 23 km in Richtung **Biskupin** ab. Dort besuchen Sie Europas älteste erhaltene Hallstadt-Siedlung aus der Zeit um 740 v. Chr. Eine mächtige Wehranlage aus Pfählen schützte die Siedlung, in der

vermutlich bis zu 1200 Menschen lebten. Die Besucher des Freilichtmuseums sind eingeladen, in Werkstätten beim Weben, Töpfern, Münzprägen oder der Herstellung von Schmuck mitzumachen *(tgl. 9–17 Uhr ¦ 7 Zł. ¦ Anmeldung eine Woche im Voraus ¦ Tel. 5 23 02 50 55 ¦ www.biskupin.pl). Museum tgl. 8–18 Uhr (bzw. bis zur Dunkelheit) ¦ 10 Zł. ¦ 2-Std.-Führung (deutsch) 80 Zł. (mit Voranmeldung) ¦ Palmtop (deutsch) 15 Zł. ¦ www.biskupin.pl.* Eine schöne Abwechslung ist eine 30-minütige

INSIDER TIPP Schiffsrundfahrt um die Landzunge, auf der das Museum liegt (Di–So 9–17 Uhr | 15 Zł.).

Von Biskupin aus fahren Sie zurück auf die Landstraße 5 und dann 18 km bis Żnin. Von dort geht es auf der Landstraße 25 140 km nach Inowrocław (Hohensalza). Schon von Weitem wird das Wahrzeichen der „Stadt, die auf Salz gebaut wurde", sichtbar – die fast 80 m hohen Türme der neoromanischen *Kirche der Maria Verkündigung (Kościół Zwiastowania Najświętszej Marii Panny | ul. Plebanka 10)*.

Unweit davon befindet sich die romanische *Kirche der Heiligen Jungfrau Maria (Kościół Najświętszej Marii Panny | ul. Biskupa Antoniego Laubitza 9)*, die kostbarste Sehenswürdigkeit der Stadt. Die an den Außenwänden angebrachten Reliefs symbolisieren die christlichen Werte. Sehenswert im Kircheninneren sind die mit Tierdarstellungen, griechischen Kreuzen und Masken verzierten Wände, die Holzfigur „Die lächelnde Madonna" aus dem 14. Jh. sowie drei in Granit gehauene Teufelsmasken innen am Portal.

Interessant ist auch das Gradierwerk im üppigen Kurpark: Salzlake fließt vom oberen Rand der Konstruktion über Schlehdornzweige herab und erzeugt beim Verdampfen eine gesundheitsfördernde Aerosol-Wirkung. Die Anlage ist 9 m hoch und 300 m lang. Übernachten Sie in einem historischen Gebäude im Zentrum, im *Hotel Bast (40 Zi. | ul. Królowej Jadwigi 35 | Tel. 5 23 57 20 24 | www.hotelbast.pl | €€)*. Gute polnische und litauische Küche gibt es im *Kresowianka (Szosa Bydgoska 24 | Tel. 5 23 55 25 25 | www.kresowianka.pl | €€)*.

Sie verlassen Inowrocław auf der Landstraße 15 und biegen hinter der Stadtgrenze links auf die 412 nach Kruszwica ab (12 km). Neben der Stiftskirche, die malerisch auf einer Anhöhe am Ufer des

Gopło-Sees liegt, sind vor allem die Ruinen der  *Burg* aus dem 14. Jh. sehenswert. Um einen ihrer Türme rankt sich eine volkstümliche Legende: Der grausame König Popiel hatte sich aus Angst vor seinen geknechteten Untertanen in dem Turm verbarrikadiert. Doch auch dort ereilte ihn das Schicksal – Mäuse fraßen ihn bei lebendigen Leibe auf. Daher der Name *Mäuseturm (Mysia Wieża)*. Von Kruszwica fahren Sie auf der Landstraße 62 nach Strzelno (14 km). Die Rotunde der *Kirche des hl. Prokopius (Kościół św. Prokopa)*, die im 12./13. Jh. auf kreisrundem Grundriss errichtet wurde, ist das größte romanische Bauwerk dieser Art in Polen. In der Klosterkirche befinden sich vier romanische Säulen, die erst 1946 entdeckt wurden. Sie sind mit weiblichen Figuren geschmückt, die Laster und Tugend symbolisieren.

Auf dem Rückweg fahren Sie auf der Landstraße 15 ca. 14 km hinter Strzelno durch den Ort **INSIDER TIPP** Wylatowo. Regelmäßig entstehen hier auf den Feldern über Nacht riesige, komplizierte Piktogramme, deren Herkunft bislang ungeklärt ist. Bis Gniezno sind es dann noch ca. 30 km. Übernachten können Sie in Czerniejewo, 14 km südlich von Gniezno, in einem schönen klassizistischen Palast mit Kutschen und

Warschaus Altstadtpanorama jenseits der Weichsel

Stallungen auf dem Gelände einer landwirtschaftlichen GmbH *(Pałac | 31 Zi. | ul. Gen. Lipskiego 5 | Tel. 6 14 27 30 30 | www.czerniejewopalac.pl | €€)*.

2 FAHRT ENTLANG DER OBEREN WEICHSEL

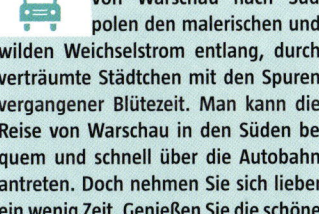

Von Warschau nach Südpolen den malerischen und wilden Weichselstrom entlang, durch verträumte Städtchen mit den Spuren vergangener Blütezeit. Man kann die Reise von Warschau in den Süden bequem und schnell über die Autobahn antreten. Doch nehmen Sie sich lieber ein wenig Zeit. Genießen Sie die schöne Landschaft an der oft noch ursprünglichen Weichsel, und machen Sie Rast in malerischen Orten. Die Strecke von Warschau nach Sandomierz ist etwa 230 km lang.

Die **Wisła** (Weichsel) ist der größte polnische Fluss mit knapp 1100 km Länge. Sie nimmt ihren Anfang in den Karpaten und mündet bei Danzig in die Ostsee. Wer heute das breite Flussbett sieht, für den ist es schwer vorstellbar, dass die Weichsel vor 200 Jahren noch ein schmaler, reißender Fluss war. Erst nach Waldrodungen konnte sie sich so ausbreiten und versanden. Heute gehört der Fluss zu den wenigen Strömen in Europa, die nicht reguliert sind.

Von **Warschau → S. 58** fahren Sie auf der Landstraße 79 ca. 40 km in Richtung Piaseczno nach **Góra Kalwaria** (Kalvarienberg). Die kleine Stadt (24 000 Ew.) liegt auf der alten Handelsstraße nach Czersk und war seit dem 17. Jh. ein Wallfahrtsort mit einem Kreuzweg nach dem Vorbild des Kalvarienbergs in Jerusalem. Von der Anlage hat nur noch die barocke *Pilatuskapelle (Kaplica Piłata | ul. Dominikańska)* mit einem Gemäldezyklus der Passion Christi von 1700 überdauert. Besuchen Sie den hl. Antonius im ehemaligen Klostergarten der *Pfarrkirche (Kościół Pobernardyński)*. An die Holzfigur des Heiligen knüpfen sich zahlreiche lokale Legenden. Wer an seine Wundertätigkeit glaubt, kann ihn um Hilfe in Herzensangelegenheiten bitten. Machen Sie einen schönen Spaziergang den Fluss entlang nach **Czersk** (3 km). Das Dorf war im Mittelalter bis zum Aufstieg Warschaus eine wichtige Handelsstadt, bekannt für ihre Tuchmanufakturen. Von dieser bedeutenden Vergangenheit zeugen die Ruinen der ❀ *Burg (Zamek)*, von denen aus man einen schönen Ausblick auf die Warschauer Tiefebene hat. Machen Sie eine Kaffeepause in der ❀ *Villa Czersk (ul. Warszawska 23 | Tel.*

2 27 36 2 188 | www.villaczersk.pl) mit einem Panoramablick auf die Schlossruinen der Masowischen Herzöge.

Fahren Sie nun weiter auf der Landstraße 79 nach **Kozienice** und dann bis zur Brücke auf der Landstraße 48 nach **Dęblin** auf das Westufer der Weichsel. Am Fluss entlang geht es dann 20 km weiter nach Puławy. **Puławy** (53 000 Ew.) ist heute eine mittlere Industriestadt, bekannt vor allem für ihre Stickstoff- und Kunstdüngerproduktion. Ihre Bedeutung erlangte die Stadt um 1800, als Izabella Czartoryska, die Gattin des Aufklärers Fürst Czartoryski, sie zu einem politisch-kulturellen Zentrum erhob, indem sie die besten Künstler, Schriftsteller und

www.mu zeumnadwislanskie.pl), erbaut nach dem Vorbild des Tempels der antiken Göttin der Weisheit, Vesta, in Tivoli bei Rom. Die Rotunde mit korinthischen Säulen war das erste Museum, das überhaupt in Polen gegründet wurde, und bildete mit Exponaten zur polnischen Geschichte die Keimzelle für das *Czartoryski-Museum* in Krakau. Es steht neben anderen stilvollen Gebäuden, die von Izabella Czartoryska errichtet wurden, in einem schönen *Landschaftspark (Park Krajobrazowy)* hinter dem Czartoryski-Palais. *www.ipulawy.pl*

Im Pub *K2* treffen sich in chilligem Lounge-Ambiente die Reichen und Schönen der Gegend auf einen gepfleg-

Kazimierz Dolny: Die Ruine der Burg aus dem 14. Jh. ist nur ein Anziehungspunkt des Ortes

Wissenschaftler ihrer Zeit hier versammelte. Einen ganz besonderen Charme hat der von ihr in Auftrag gegebene romantische *Sybillentempel (Świątynia Sybylii | tgl. 9–17 Uhr | ul. Czartoryskich |*

ten Drink *(ul. Centralna 2 a | Tel. 8 18 88 98 00 | www.k2.pulawy.pl)*.
Etwa 15 km südlich von Puławy liegt über dem rechten Ufer der Weichsel terrassenförmig das Städtchen **Kazi-**

mierz Dolny → S. 70. Das harmonische Stadtbild und die malerische Umgebung mit Kreidefelsen und Erosionsschluchten inspirierte viele Maler und Bildhauer. Bekannte polnische Schriftsteller ließen sich hier nieder. Heute zieht es vor allem die Warschauer Boheme in das verträumte Städtchen.

Es lohnt sich, zu den Ruinen des Schlosses zu gehen, wo man vom ☼ *Wachturm* aus dem 13. Jh. aus einen schönen Blick auf die Weichsel hat. Schön ist auch der etwa dreiviertelstündige Spaziergang flussaufwärts in das alte Dorf **Męćmierz**, ein natürliches Freilichtmuseum, in dem viele alte Bauernhäuser aus der Umgebung wieder aufgebaut wurden. Dort haben Sie vom Aussichtspunkt ☼ *Albrechtówka* einen überwältigenden Blick auf den Weichseldurchbruch und die Ebene von Radom. Übernachten können Sie in Kazimierz Dolny unweit des Marktes mit Weichselblick in der *Willa Agnieszka (12 Zi. | ul. Krakowska 41a | Tel. 818820411 | www.willaagnieszka. pl | €€)*.

Von Kazimierz Dolny führt der Weg nun etwa 80 km weiter nach **Sandomierz → S. 100**, das sich durch einen ähnlich harmonischen Gleichklang von Kunst, Architektur und Natur wie Kazimierz auszeichnet. Wunderschön ist der *Marktplatz* mit seinem gotischen Rathaus und den reich verzierten Kaufmannshäusern. Vom *Oleśnicki-Palais* startet eine Tour durch die Labyrinthe der ehemaligen Warenlager *(Podziemna Trasa Turystyczna Sandomierskie Lochy | tgl. 10–18, im Winter 10–17 Uhr | 10 Zł. | www.pttk-san domierz.pl, www.sandomierz.pl)*. Übernachten können Sie hier stilvoll am Markt, wo Sie auch gut bekocht werden und im Sommer schön auf der Terrasse sitzen können: *Hotel Pod Ciżemką (9 Zi. | Rynek 27 | Tel. 158320550 | www.hotel cizemka.pl | €€)*.

3 DURCH DIE WALDKARPATEN

Die Tour führt in den touristisch unbekannten Südosten Polens, zu Magnatenschlössern und orthodoxen Holzkirchen. Höhepunkt sind die Waldkarpaten, ein Unesco-Biosphärenreservat, in dem Bären und Wölfe leben. Die Tour ist auch mit dem Mountainbike machbar. Länge: ca. 260 km, Dauer: 2–3 Tage, reine Fahrzeit: ca. 4 ½ Std. (mit dem Auto).

Vor den Toren der multikulturellen Grenzstadt **Przemyśl → S. 99** erhebt sich das prachtvolle Renaissanceschloss **Krasiczyn**. Hier können Sie feudal übernachten und sich im guten Restaurant mit altpolnischen Gerichten stärken. In **Sanok → S. 100** dagegen tauchen Sie in bäuerliche Welten ein: Das Freilichtmuseum ist eines der besten im Land und stimmt auf die Waldkarpaten, die Bieszczady, ein *(Skansen | Mo geschl. | ul. Traugutta 3 | großer Parkplatz)*. In Sanok beginnt die „Große Schleife" durch die Waldkarpaten, das Land der Wälder und Höhensteppen. Über **Lesko** mit einer Synagoge und einem Schloss kommen Sie nach **Ustrzyki Dolne**, dessen Naturkundemuseum die Gebirgsflora und -fauna vorstellt *(Di–Sa 9–17 Uhr | ul. Bełska 7)*. Hinter dem Städtchen wird es idyllisch, einzige Zeichen von Zivilisation sind noch die orthodoxen Holzkirchen (z.B. in Równia und Lutowiska) und kleine Weiler. Bester Standort für Aktivtouristen ist **Ustrzyki Górne**, wo Wandertouren in alle Himmelsrichtungen starten. Einer der markierten Wege führt hinauf auf den 1346 m hohen, windgepeitschten **Tarnica**. Über das Dorf **Komańcza**, das mit schönen Holzkirchen aufwartet, fahren Sie zurück nach Sanok, wo die „Große Schleife" begann.

SPORT & AKTIVITÄTEN

Keine Wünsche bleiben offen für den, der seinen Urlaub in Polen aktiv gestalten möchte. Wandern in den Sudeten und Karpaten, Radfahren in Pommern und Masuren? Kitesurfen auf der Halbinsel Hela? Oder gar Eissegeln auf zugefrorenen Seen? Alles ist möglich!

Die Infrastruktur ist sehr gut, und die Preise sind noch vergleichsweise niedrig. Die meisten Hotels können Ihnen die richtigen Anlaufpunkte für Ihre Sportart nennen. Besser ist es allerdings, sich im Vorfeld einen Überblick zu verschaffen. Alle nötigen Informationen über gute Standorte und Verleihstationen sind bei der offiziellen Vertretung des polnischen Touristikverbands in Berlin zu bekommen *(Kurfürstendamm 71 | 10709 Berlin | Tel. 030 2 10 09 20 | www.polen.travel/de).*

ANGELN

Polen ist mit seiner langen Ostseeküste, seinen Flüssen, Tausenden von Seen, den vielen Talsperren und Teichen ein Paradies für Angler auf u. a. Lachs, Meerforelle, Hecht, Aal, Zander und Karpfen. Angelgenehmigung je nach Region 55–222 Zł., Tageskarte 30 Zł. *Polski Związek Wędkarski (Polnischer Anglerverband) | ul. Twarda 42 | Warszawa | Tel. 2 26 20 89 66 | www.pzw.org.pl*

EISSEGELN

Im Winter ist auf den zugefrorenen Seen Masurens Eissegeln zum angesagten Sport geworden. *bojerymazurycaligula. blogspot.de*

Bild: Eissegler auf dem Spirdingsee

Toben Sie sich mal aus! Das Angebot an Sport- und Freizeitaktivitäten in Polen ist so vielfältig wie die Natur

FAHRRADTOUREN

Im ganzen Land gibt es mehrere Tausend Kilometer als Radwege markierter Nebenstraßen; das Netz wird ständig erweitert. In den wichtigen Ferienregionen bieten viele Hotels und Pensionen Leihfahrräder an. Der bergige Süden eignet sich gut für Mountainbiker, der Rest des Landes ist überwiegend flach oder leicht hügelig und stellt keine allzu großen Anforderungen an die Kondition der Fahrer. Strecken- und Tourenpläne erhalten Sie in regionalen Touristinformationen und beim *Polnischen Tourismusverband PTTK (ul. Senatorska 11 | Warszawa | Tel. 2 28 26 22 51 | www.pttk.pl)*.

Eine bequeme Art, Polen per Bike zu entdecken, bietet der *Radlerbus:* Nur die landschaftlich schönsten Strecken werden abgeradelt. Bei stärkerem Verkehr bzw. unattraktiven Strecken setzt man sich im aufgerüsteten Doppeldecker ins Obergeschoss, während Rad und Gepäck im Untergeschoss transportiert werden. Angeboten werden ein- bis zweiwöchige

Touren inklusive Unterkunft und Halbpension im Norden und Süden Polens. Infos unter *www.radlerbus.de.*

GOLF

Seit den 90er-Jahren gewinnt Golf immer mehr Anhänger, inzwischen gibt es über 50 Plätze. *Polish Golf Union | LIM Center | al. Jerozolimskie 65/79 | Warszawa | Tel. 2 26 30 55 60 | www.pzgolf.pl*
Top ist der *Amber Baltic Golf Club* bei Międzyzdroje an der Ostseeküste, der gern von skandinavischen Golfern frequentiert wird: eine 27-Loch-Anlage am Rand des Wolliner Nationalparks, auf dem hochkarätige Turniere veranstaltet werden. Ein Shuttlebus pendelt zwischen dem Hotel *Amber Baltic* und dem Platz *(ul. Baltycka 13 | Kolczewo/Wollin | Tel. 9 13 26 51 10 | www.abgc.pl).*

KAJAK & KANU

Polen bietet herrliche Routen für Kajak- und Kanufahrer. Boote sind an vielen Seen für 8–10 Euro/Std. zu mieten. Die 100-km-Strecke auf der Krutynia über 17 Seen durch Naturschutzgebiete ist legendär. Ebenso die Czarna-Hańcza-Route durch den Wigry-Nationalpark oder der Oberländische Kanal. Weiter im Nordosten verläuft der Kanal von Augustów: Er beginnt im gleichnamigen Städtchen und führt teilweise über weißrussisches Gebiet, das Paddler aber ohne Visum passieren dürfen. Infos für Masuren: *www.as-tour.de,* sonst *Polski Zwiazek Kajakowy (Polnischer Kajakverband | ul. Erazma Ciolka 17 | Warszawa | Tel. 2 28 37 14 70 | www.pzkaj.pl).*

KLETTERN

Senkrechte Felswände findet man hauptsächlich im Süden des Landes, im Riesengebirge, im Krakau-Tschenstochauer Jura und in der Hohen Tatra. Am dramatischsten und beliebtesten ist die Hohe Tatra, wo der nationale Alpenverband eine Kletterschule unterhält *(PZA „Betlejemka" | Hala Gąsienicowa | Zakopane | Tel. 18 2 01 91 24 | betlejemka.org.pl).* Von hier sind alle Kletterziele – für Anfänger wie für Fortgeschrittene – leicht erreichbar.

REITEN

Pferdezucht hat in Polen lange Tradition. Seit einigen Jahren entwickelt sich „Urlaub im Sattel" zum Massensport. Es gibt über 1000 Gestüte und Reitzentren, viele davon in alten Gutshäusern oder Schlössern. Infos zum Reittourismus: *www.pttk.pl.* Mehrtägige Wanderritte: *www.urlaubspferd.de, www.pferdreiter.de.* Daneben gibt es immer mehr private Reitzentren, z. B. das INSIDER TIPP ▶ *Pensjonat Sasek (Sasek Maly 14 | Szczytno | Tel. 8 96 22 11 60 | www.sasek.pl).*

SEGELN & SURFEN

Zum Segeln und Windsurfen eignen sich besonders die Seengebiete in Masuren, aber auch im nördlichen Podlasie, in West- und Ostpommern, Großpolen und in der Region Lubuskie. Für Hochseesegler werden die Yachthäfen in Świnoujście, Kołobrzeg, Ustka, Łeba, Gdańsk und Gdynia empfohlen. Info: *Polski Zwiazek Żeglarski (Poln. Seglerverband | ul. Ludwiki 4 | Warszawa | Tel. 2 25 41 63 56 | www.pya.org.pl).* Hochburg der Surfer ist die Halbinsel Hela. Stark im Kommen ist das Kitesurfen vor Hela, das auch ein Austragungsort der Kitesurf Trophy Tour ist.

TAUCHEN

Die besten Tauchgebiete für Anfänger befinden sich in den Seengebieten von

Masuren und der Kaschubei. Auf dem 44 m tiefen Grund des masurischen Mamry-Sees können Taucher sogar ein um 1600 überflutetes Dorf „besuchen". *Komisja Działalności Podwodnej, KDP PTTK (Abteilung für Tauchsport des Polnischen Tourismusverbandes) | ul. Senatorska 11/25 | Warszawa | Tel. 2 28 26 12 51 | www.cmas.pl*

tra mit den höchsten Bergen Polens *(www.zakopane.pl)*. Weitere gute Skigebiete befinden sich in den Beskiden in Szczyrk *(www.szczyrk.com.pl)*, wo es 50 km lange Abfahrten gibt, und in Wisła, *(www.wisla.pl)*; auch Krynica *(www.krynica.pl)* bietet gute Bedingungen. Am weitesten westlich liegen die Skizentren der Sudeten: Karpacz (Krummhübel) mit

Gipfel auf der Grenze zu Tschechien: die Schneekoppe im Riesengebirge

WANDERN

In ganz Polen, vor allem im Norden und in den Bergregionen, besteht ein dichtes Netz von Wanderwegen. Insgesamt gibt es rund 9000 ausgewiesene Strecken. An den wichtigsten Wanderwegen liegen ganzjährig geöffnete Herbergen und im Sommer geöffnete Campingplätze. *PTTK (Poln. Tourismusverband | s. S. 109)*

WINTERSPORT

Polens unangefochtene Winterhauptstadt ist Zakopane in der Hohen Ta-

einem größeren Skizentrum auf der Mała Kopa *(www.kopa.com.pl)*, der Berg Czarna Góra *(www.czarnagora.com.pl)* in der Nähe von Kłodzko (Glatz) und Szklarska Poręba (Schreiberhau), das größte und modernste Skigebiet mit Abfahrten von ca. 20 km Länge *(www.sudetylift.com.pl)*. Saison ist Dezember bis April, die Tageskarte kostet 15, die 7-Tages-Karte 77 Euro. Ein einmaliges Naturerlebnis verschaffen **INSIDER TIPP** Schneeschuh-Wanderungen „auf den Spuren der Wölfe" durch die verwunschene Winterwelt der südostpolnischen Bieszczady *(www.bieszczady-outdoor.de)*.

MIT KINDERN UNTERWEGS

Die Kinderfreundlichkeit der Polen macht das Reisen mit Kindern angenehm. Für die Kleinen finden das ganze Jahr über Veranstaltungen statt. Die Palette reicht von der sommerlichen Krakauer Drachenparade bis zu Straßentheater in allen größeren Städten.

Und und es gibt ein breites Angebot für Freizeit mit Kindern – vom Aquapark mit Riesenrutschen bis zum experimentellen Wissenschaftsmuseum. Dabei legt man in der Regel Wert darauf, dass Kinder selbstständig aktiv werden, und sieht keinen Widerspruch zwischen Spaß haben und Lernen. Besonders im Sommer und in den übrigen Schulferien ist Polen für Familien mit Kindern ein ideales Reiseziel – und obendrein sind viele Angebote preiswert.

OSTSEEKÜSTE & MASUREN

ABENTEUERSPIELPLATZ
(135 F2) (*∅ G1*)

Der größte Abenteuerspielplatz Polens in Gdynia (Gdingen) bietet auch für kleine Besucher viele kindgerechte Attraktionen: eine Rennstrecke mit kleinen Quads und einen Mountainbike-Parcours, eine Kletterlandschaft aus Seilen, eine große Kletterwand, Hüpfburgen und Rutschen sowie einen klassischen Spielplatz. Kinder können sich im Bogenschießen üben und eine „Waldexpedition à la Tarzan" unternehmen. *Tgl. 9–21 Uhr, im Winter 10–16 Uhr | Kolibki Adventure Park | ul. Bernadowska 1 | Gdynia | www. adventurepark.pl | Eintritt für Kinder 15 Zł., weitere einzelne Attraktionen je ab 20 Zł.*

Bild: Kinder auf einem Reiterhof im Ermland

Sport, Spaß und viel frische Luft: Natur, Tiere, Wikinger, Dinos und Experimente – in Polen kommen die Kleinen ganz groß raus

LUSTIGE STÄDTCHEN

Entlang der Ostseeküste sieht man sie im Sommer überall: die *Wesołe miasteczka* („Lustige Städtchen"), kleine Rummelplätze mit nostalgischem Charme nur für Kinder.

WIKINGERFESTIVAL (134 B3) (🗺 D2)

Jedes Jahr im Sommer findet auf der Insel Wollin das Wikingerfestival statt. Man kann den Kämpfen der Wikingerschiffe auf dem Wasser sowie den Ringern, Speerwerfern und Bogenschützen an Land zuschauen. Es gibt eine Wikingersiedlung, Wikingeressen und -kunsthandwerk. Bei vielem kann man mitmachen.

WILDPARK (137 D3) (🗺 J2)

In diesem ca. 40 ha großen Park mit Tieren aus der masurischen Region werden Führungen angeboten. Viele Tiere dürfen gestreichelt und gefüttert werden. Spaß macht anschließend der Besuch des rustikalen Gasthauses *„Zum Hund"* – hier fühlen sich auch Kinder pudelwohl! *Tgl. 9.30 Uhr bis Sonnenuntergang | Park*

Dzikich Zwierząt | Kazidłowo | Eintritt 18, Kinder 9 Zł. | www.kadzidlowo.pl

RUND UM POSEN

INSIDER TIPP ▶ DINOSAURIER-PARK
(143 D3) (*ℳ F3*)

In Polen wurde vor einigen Jahren das Skelett eines 200 Mio. Jahre alten Dinosauriers entdeckt. Der Fund gab den Anlass, einen Dinosaurierpark anzulegen, der Spaß und Vermittlung von Wissen vereint. Kindgerechte Führungen auf den Lehrpfaden mit riesigen Dinosauriermodellen. *Zaurolandia-Park Dinozaurów | Mai–Sept. Mo–Fr 9–17, Sa/So 9–18 Uhr | ul. Kolejowa 99 | Rogowo | Eintritt 15, Kinder 12 Zł. | www.zaurolandia.pl*

ZOO (142 B4) (*ℳ F4*)

Vom Malta-See am Rand Posens kann man mit der Schmalspurbahn „Maltanka" in den Tierpark hineinfahren *(Mai–Sept. Mo–Fr stdl. 10–18 Uhr, Sa/So halbstdl. 10–18 Uhr | Fahrt 6 Zł., Kinder bis 16 J. 4 Zł.).* Der Zoo liegt auf einem landschaftlich reizvollen, 117 ha großen Gelände. Die Tiere werden in Freigehegen unter annähernd natürlichen Bedingungen gehalten. Attraktionen sind der weiße Panther und das weiße Nashorn. *Tgl. ab 9 Uhr, Schließung je nach Saison | ul. Krańcowa 81 | Poznań | Eintritt 15, Kinder 8 Zł., Sa/So 20/15 Zł. | www.zoo.poznan.pl*

RUND UM WARSCHAU

COPERNICUS SCIENCE CENTER
(U D2–3) (*ℳ d2–3*)

Faszinierend ist das am Weichselufer gelegene Warschauer Wissenschaftszentrum: Touchscreens und interaktive Objekte vermitteln Wissen zu Wasser, Wind und Luft, erläutern die Genetik ebenso wie die Rotation der Erde. Hat man drinnen genug gesehen, vergnügt man sich draußen im *Discovery Park.* Weitere Attraktionen bietet das Planetarium, in dem verschiedene Shows in 3-D-Qualität gezeigt werden: vom Ursprung des Lebens bis zu Schwarzen Löchern. *Centrum Nauki Kopernik | Beschreibungen auch auf Engl. | Di–Fr 8–18, Sa/So 10–19 Uhr | Eintritt 25, Kinder 16 Zł. | Planetarium Di–Do 9.30–19, Fr–So 9.30–20 Uhr, jeweils zur vollen Std. mit einer Pause von 15–17 Uhr | 23/18 Zł. | ul. Wybrzeże Kościuszkowskie 20 | www.kopernik.org.pl*

EXPERYMENTARIUM (140 B1) (*ℳ H4*)

Das interaktive Museum erklärt Phänomene aus Wissenschaft, Technik und Natur mithilfe von Experimenten, an denen die Besucher aktiv teilnehmen. Statt „Bitte nicht berühren" wird ausdrücklich gebeten: „Drücken", „Heben", „Geh hinein"! Wie mache ich eine riesige Seifenblase? Wie wird Papier hergestellt? Was sind Schallwellen? Die Antworten darauf (und auf vieles andere) gibt's hier. *Tgl. 10–21 Uhr | ul. Karskiego 5 | Łódź | www.experymentarium.pl | Eintritt 15/12 Zł.*

INTERAKTIVES KINO (136 C6) (*ℳ J4*)

Im Cinema Park werden die Mitmacher in den Themensälen Musik, Tasten, Bewegung, Inspiration, Vorstellung und 3D durch neueste Computertechnik in Staunen versetzt. Hier kann man z. B. eigene Musikstücke mit Ton und Licht komponieren oder virtuelle Reisen in den Kosmos, in den menschlichen Körper oder die Tierwelt unternehmen. *Tgl. 11 und 16 Uhr | Cinema Park Bemowo | ul. Powstańców Śląskich Warszawa | www.cinemapark.pl | Eintritt 33 Zł.*

PUPPENTHEATER

In Warschau gibt es zwei empfehlenswerte Puppentheater, die Klassiker der Kinderliteratur – daher auch für ausländische Kinder geeignet – adaptieren:

das *Teatr Lalka (Plac Defilad 1 | Pałac Kultury i Nauki* **(U B4)** *(*🗺 *b4)* | *www. teatrlalka.waw.pl)* und das älteste Puppentheater für Kinder in Polen, das seit 1926 spielende *Teatr BAJ (ul. Jagiellońska 28* **(U E1)** *(*🗺 *e1)* | *www.teatrbaj.waw.pl)*.

SCHLESIEN

AQUAPARK WASSERWELT ●
(146 C5) *(*🗺 *E6)*

Im Aquapark in Bad Kudowa können die Kinder auf einer 92 m langen Wasserrutsche mit Wassertunnel, aber auch auf der Kinderkegelbahn oder im Spielesaal Spaß haben. *Mo–Fr 9–21, Sa/So 10–21 Uhr | Aquapark Wodny Świat | ul. Moniuszki 2 a | Kudowa Zdrój | Eintritt ab 11,50 Zł. | www.basen.eurograf.pl*

SPIELZEUGMUSEUM **(146 C5)** *(*🗺 *E6)*
Auf 230 m² zeigt das größte polnische Spielzeugmuseum in Bad Kudowa seine Schätze. *Mai–Sept. tgl. 10–17, Okt.–April 10–17 Uhr | Muzeum Zabawek Bajka | ul. Zdrojowa 46 b | Kudowa Zdrój | www.muzeum-zabawek.pl | Eintritt 6, Kinder 3 Zł.*

VON KRAKAU BIS PRZEMYŚL

FLUSSFAHRT **(140 B5)** *(*🗺 *H7)*
An der Gebirgslandschaft vorbei schippert man in Holzkähnen 2–3 Std. auf dem Dunajec. Abfahrt in Sromowice Wyżne/Kąty. *Ende Mai–Okt. tgl. 8–16 Uhr | www.flisacy. com.pl | Ticket 50, Kinder 25 Zł.*

WASSERPARK ● **(140 B4)** *(*🗺 *H7)*
Im größten Wasserpark Polens mit 2000 m² Wasserfläche und Temperaturen um 29 Grad können Kinder in Schwimmtunneln, in reißenden Flüssen, auf Rutschen und in anderen Einrichtungen viel Spaß haben. Darüber hinaus gibt es Wellness, Heilbäder und Wassersport. *Tgl. 8–22 Uhr | Park Wodny | ul. Dobrego Pasterza 126 | Kraków | www. parkwodny.pl | Eintritt ab 14 Zł.*

Urlaub auf dem Bauernhof – für Kinder immer eine gute Wahl

EVENTS, FESTE & MEHR

Alte Bräuche und Festtage spielen eine große Rolle in der polnischen Gesellschaft. Kirchenfeste sind die wichtigsten Feiertage. Ebenso wichtig sind die nationalen Feiertage, an denen man sich der Geschichte zuwendet. Besonders in den Sommermonaten bieten die Regionen feste Veranstaltungsreihen an. Informationen: *www.polen-info.de*

GESETZLICHE FEIERTAGE

1. Jan. Neujahr; **März/April** Ostermontag; **1. Mai** Tag der Arbeit; **3. Mai** Tag der Verfassung von 1791; **Mai/Juni** Fronleichnam; **15. Aug.** Mariä Himmelfahrt; **1. Nov.** Allerheiligen; **11. Nov.** Tag der Unabhängigkeit 1918; **25./26. Dez.** Weihnachten

FESTE & VERANSTALTUNGEN

MÄRZ/APRIL

In Kalwaria Zebrzydowska wird in der ▶ INSIDERTIPP **Karwoche** das Leiden Christi aufgeführt. In ganz Polen besuchen Gläubige in den Kirchen das Grab Christi und lassen Speisen segnen.
Um Ostern herum findet in Warschau das ▶ *Internationale Beethoven-Festival* statt. *www.beethoven.org.pl*

Aus Sympathie füreinander bespritzen sich Menschen am Ostermontag beim ▶ *Śmigus-dyngus* gegenseitig mit Wasser.

APRIL

▶ *Misteria Paschalia:* In Krakau präsentieren Musiker aus aller Welt geistliche Musik in historischen Räumen. *www.misteriapaschalia.pl*

MAI/JUNI

Fronleichnam: ▶ ⭐ *Prozessionen* in ganz Polen, besonders schön sind jene in Krakau
▶ *Lajkonik:* Volksspiel in Krakau, erinnert an einen Holzfäller, der einst die Tataren besiegte
▶ *Johannisnacht:* In der kürzesten Nacht des Jahres (21. Juni) werden überall Blumenkränze mit Kerzen ins Wasser gelassen; besonders festlich in Krakau
▶ *Malta-Festival:* internationales Straßentheater am Malta-See in Posen. *www.malta-festival.pl*
▶ ● *Festival der jüdischen Kultur* in Kazimierz, dem ehemals jüdischen Stadtviertel Krakaus. *www.jewishfestival.pl*
▶ *Fischerwallfahrt:* Am 29. Juni pilgern Fischerboote von der Halbinsel Hela zu Gottesdienst und Volksfest nach Puck.

Religiös, national, regional – gefeiert wird mal fest in der Tradition verankert, mal offen für die Moderne

JUNI–SEPTEMBER

Beim hochkarätigen ▶ *Jazzfestival* in Krakau treffen sich Meister aus aller Welt. *www.cracjazz.com*

▶ *Danziger Musiksommer* mit Klassik und ▶ *Internationales Orgelmusikfestival* in Gdańsk/Oliwa (Juni–August) In Kamień Pomorski ▶ *Kammer- und Orgelmusik* (Ende Juni–September)

JULI

Das ▶ *Heineken Open'er* in Gdynia ist ein Mega-Event – ein Crossover aus Pop, Rock und Klassik. *www.opener.pl*

AUGUST

Der ▶ ● *Dominikanermarkt* in Gdańsk ist Flohmarkt und Volksfest in einem.
▶ *Haltestelle Woodstock* in Kostrzyn ist eines der größten Rockfestivals in Europa. *www.haltestelle-woodstock.de*
▶ *Wikinger-Festival* auf Wollin

SEPTEMBER

▶ *Open-Air-Rockfestival* in Wejherowo Der ▶ *Warschauer Herbst* ist ein namhaftes Forum zeitgenössischer Musik. *warszawska-jesien.art.pl*

OKTOBER

Ende des Monats findet in Warschau das älteste und renommierteste Jazzfestival des Landes statt: ▶ *Jazz Jamboree. www. polishjazz.com*

NOVEMBER

▶ ★ *Allerheiligen:* Am 1. November gedenken die Polen ihrer Helden und Toten, Friedhöfe verwandeln sich in ein Lichter- und Blumenmeer.

DEZEMBER

▶ *Weihnachtskrippen* in Krakau: Jedes Jahr werden die schönsten Weihnachtskrippen ausgestellt und die Gewinner ausgezeichnet.

LINKS, BLOGS, APPS & MORE

LINKS

▶ www.marcopolo.de/polen Alles auf einen Blick zu Ihrem Reiseziel: Interaktive Karten inklusive Planungsfunktion, Impressionen aus der Community, aktuelle News und Angebote …

▶ www.polen.travel/de Gut aufbereitete Seite des Polnischen Fremdenverkehrsamts, die kaum Urlaubsfragen offen lässt

▶ www.culture.pl Die englischsprachige Website informiert über anstehende polnische Kulturevents, nicht nur im Land selbst, sondern in aller Welt. Ansprechend gemacht

▶ short.travel/pol1 Von der Natur bis zur Kultur, von Nationalparks bis zu Unesco-Standorten wird das Nachbarland ausführlich vorgestellt. In der Rubrik „Tourism" finden Sie Polens Unesco-Welterbestätten, Aktivangebote und unter „Pictures of Poland" eine Bildergalerie

▶ www.gosilesia.pl/de „Fahren Sie nach Schlesien!" Die attraktiv gestaltete Seite stellt alle Attraktionen der Region vor: Städte und Sehenswürdigkeiten, Wanderwege, Radrouten, Wasserparks, Tauchspots, Kletterwände und Höhlentrips. Spaß machen die *Panoramen,* durch die Sie virtuelle Rundgänge unternehmen können

▶ www.virtualpolen.de Informationen und Angebote rund um Polen, die Sie für einen privaten oder beruflichen Besuch in Polen benötigen könnten

BLOGS & FOREN

▶ www.polish-online.com/wordpress Eine deutsch-polnische Übersetzerin stellt politische und gesellschaftliche Entwicklungen vor – mit witzigen und informativen Blogbeiträgen

▶ www.ostsee-urlaub-polen.de Polenfans schreiben über schöne Ecken und Erlebnisse an der Ostseeküste bzw. in Masuren

▶ pol-blog.blogspot.com Englischsprachiger, professioneller Blog zu allen möglichen Themen, die Polen betreffen

Egal, ob für Ihre Reisevorbereitung oder vor Ort: Diese Adressen bereichern Ihren Urlaub. Da manche sehr lang sind, führt Sie der short.travel-Code direkt auf die beschriebenen Websites. Falls bei der Eingabe der Codes eine Fehlermeldung erscheint, könnte das an Ihren Einstellungen zum anonymen Surfen liegen

▶ urlaubinpolen.blogspot.com Erfahrungen, Berichte Erlebnisse und Bilder rund ums Reisen in Polen, erstellt von der Reiseagentur *www.welcome2poland.com,* die auch Unterkünfte im Land vermittelt

▶ short.travel/pol2 Auf seiner Website lädt der Stadtführer Christian Vogt zu virtuellen Besichtigung der Stadt Krakau und ihrer Umgebung ein. Seine Filme sind gut gemacht, auch die begleitende Musikauswahl kann sich hören lassen

▶ short.travel/pol3 Interessanter TV-Bericht der Deutschen Welle (Journal Reporter) über das neue jüdische Selbstbewusstsein und Leben im Krakauer Viertel Kazimierz (ca. 12 Min.)

▶ short.travel/pol4 Klickt man auf den Link *External,* gelangt man zu den deutschsprachigen Sendungen des polnischen Radios: Alles Wichtige und Aktuelle ist hier aufbereitet

▶ inyourpocket Wer sich eine App von *In Your Pocket* fürs iPhone herunterlädt, hat Zugang zu vorzüglichen, englischsprachigen CityGuides der polnischen Großstädte

▶ Blue Send Das Danziger Touristikportal stellt auf seiner Website *(www.gdansk4u.pl/de/mobile)* diese Gratis-App zum Download bereit. Gezeigt werden Sehenswürdigkeiten, Unterkünfte, Restaurants; auch Veranstaltungskalender

▶ Polish Patriotic Song Die App bietet die ganze Palette polnischer Nationalmusik: von Mazurken über die Nationalhymne („Noch ist Polen nicht verloren...") bis zur „Weichsel-Melodie"

▶ www.hospitalityclub.org | www.couchsurfing.org Wer sich kostenlos registriert und damit Mitglied wird, kann in zahlreichen polnischen Städten „unter Freunden" gratis übernachten. Eine gleichartige Gegen-Offerte wird nicht verlangt

▶ www.travellerspoint.com Wer sich registriert, erfährt, wie es anderen Reisenden in Polen ergangen ist. Mit Forum, Blog und Fotos (Engl.)

VIDEOS & PODCASTS

APPS

NETWORK

PRAKTISCHE HINWEISE

🚗 Für die Einreise mit dem PKW über einen der 23 Grenzübergänge nach Polen genügt der Führerschein. Die grüne Versicherungskarte ist nicht mehr Pflicht. Seit dem Beitritt Polens zum Schengen-Abkommen gibt es keine Passkontrollen mehr an der Grenze. Das Autobahnnetz befindet sich noch im Aufbau. Gebührenpflichtig (je ca. 0,16 Zł. also ca. 0,4 Cent pro Kilometer) sind mehrere Abschnitte auf der der A1 zwischen Gdynia und Łódź, auf der A2 zwischen Posen und Konin und auf der A 4 zwischen Kattowitz und Krakau *(www.a1-autostrada.pl | www.autostrada-a2.pl | www.autostrada-a4.pl).* An einigen Mautstationen kann man nur bar bezahlen! Die meisten nehmen aber auch Kreditkarten. Wenn Sie in Euro zahlen wollen, werden nur Scheine angenommen.

🚆 Der Euro-City von Berlin braucht 6 Std. nach Warschau. Er fährt viermal täglich und ist reservierungspflichtig. Der Intercity aus Hamburg über Berlin nach Breslau und Krakau fährt gleichfalls mehrmals täglich, braucht aber je nach Verbindung 8–10 Stunden. Es fahren auch vier Nachtzüge von Hamburg, Berlin, Köln und Dresden nach Warschau. Regionalexpress-Züge (RE) verkehren mehrmals am Tag von Berlin nach Kostrzyn (Küstrin) sowie nach Szczecin (Stettin), Fahrradmitnahme möglich. Im Sommer gibt es direkte Verbindungen zwischen Berlin und Świnoujście (Swinemünde), Fahrzeit ca. 4,5 Std. *Fahrplanauskunft (auch Deutsch): Polnische Bahn (Polskie Koleje Państwowe | Tel. 0048 4 22 05 55 05 | rozklad-pkp.pl)* und *Deutsche Bahn (Tel. (*) 01805 99 66 33 | www.bahn.de).*

🚌 Zwischen vielen Städten in Deutschland und Polen gibt es regelmäßige Busverbindungen. Auskunft über diese preiswerteste Art, nach Polen zu reisen: *www.polen.travel/de*
In Polen existiert ein dichtes Netz der PKS-Busse auf Normal- und Schnellstrecken. Tickets in Busbahnhöfen, Reisebüros und beim Fahrer.

✈ Es gibt Flugverbindungen in alle wichtigen polnischen Großstädte. Neben den etablierten Linien LOT *(www.lot.com)* und Lufthansa verkehren auch zahlreiche Billigflieger (Easy Jet, Germanwings, Ryan Air, Wizzair u. a.). *Aktuelle Infos bei den Fluggesellschaften und unter www.polen.travel/de*

GRÜN & FAIR REISEN

Auf Reisen können auch Sie viel bewirken. Behalten Sie nicht nur die CO_2-Bilanz für Hin- und Rückreise im Hinterkopf *(www.atmosfair.de; de.myclimate.org)* – etwa indem Sie Ihre Route umweltgerecht planen *(www.routerank.com)* –, sondern achten Sie auch Natur und Kultur im Reiseland *(www.gate-tourismus. de; www.ecotrans.de).* Gerade als Tourist ist es wichtig, auf Aspekte wie Naturschutz *(www.nabu.de; www. wwf.de)*, regionale Produkte, wenig Autofahren, Wassersparen und vieles mehr zu achten. Wenn Sie mehr über ökologischen Tourismus erfahren wollen: europaweit *www.oete.de*; weltweit *www.germanwatch.org*

Von Anreise bis Zoll

Urlaub von Anfang bis Ende: die wichtigsten Adressen und Informationen für Ihre Polen-Reise

AUSKUNFT

POLNISCHES FREMDENVERKEHRSAMT
– *Hohenzollerndamm 151 | 14199 Berlin | Tel. 030 2 10 09 20 | www.polen.travel/de*
– *Fleschgasse 34, 2 a | 1130 Wien | Tel 01 5 24 71 91 | www.polen.travel/de-at*

AUTO

Die Höchstgeschwindigkeit beträgt innerorts 60 km/h, außerorts 90 km/h, auf Landstraßen mit zwei Spuren 100 km/h, auf Autobahnen/Schnellstraßen 130 km/h. Es besteht Anschnallpflicht, und von Oktober bis Februar ist auch tagsüber das Abblendlicht einzuschalten. Straßenbahnen haben immer Vorfahrt. Die Promillegrenze liegt bei 0,2. Bußgelder müssen sofort bezahlt werden (Lassen Sie sich eine Quittung ausstellen!). Das außerörtliche Tankstellennetz ist relativ dicht; „ON" ist die Abkürzung für Diesel, ein durchgestrichenes „Pb" steht für bleifreies Benzin. Pannenhilfe des Polnischen Motorverbandes PZM: *Tel. 981,* ADAC-Notruf in Polen mit deutschsprachigen Mitarbeitern: *Tel. 06 18 31 98 88*

Auch wenn die Zahl der Autodiebstähle schon seit einigen Jahren rückläufig ist, sollte man nach Möglichkeit bewachte Parkplätze *(Parking Streżony)* benutzen. Die meisten Hotels verfügen über eigene bewachte Parkplätze, in großen Städten gibt es große Flächen mit einer Rund-um-die-Uhr-Bewachung. Bei Diebstählen in Polen greift grundsätzlich die Kaskoversicherung; Informationen über Ausnahmen sollte man bei der eigenen Autoversicherung einholen.

BAUERNHOF-URLAUB

🕗 *Agroturystyk*-Bauernhöfe bieten außer Unterkunft (ab 10 Euro/Nacht/Person mit Frühstück) Reiten, Bootsfahrten, Angeln, Radtouren, Wanderungen etc. Die *Poln. Föderation für Tourismus auf dem Lande* zeigt auf ihrer Website über 600 Höfe: *www.agroturystyka.pl (bisher nur auf Polnisch),* Info auch *www.*

WAS KOSTET WIE VIEL?

Bus	ca. 60 Cent
	für eine Stadtfahrt
Kaffee	1,25 Euro
	für eine Tasse im Café
Imbiss	2,50 Euro
	für „zapiekanka", mit Käse überbackenes Baguette
Bier	1–2 Euro
	für 0,3 l vom Fass
Benzin	1,40 Euro
	für 1 l Super
Kanu	ab 3 Euro
	Kanuverleih pro Stunde

wakacje.agro.pl. Das Angebot für Ferien auf dem Land umfasst auch ca. 70 ökologisch bewirtschaftete Höfe, meist in Südpolen. Infos über *ECEAT (Europ. Zentrum für ökol. Landwirtschaft und Touristik) | www.eceat.de*

CAMPING

Es gibt etwa 220 gut ausgestattete Campingplätze. Sie sind in der Regel von Mai bis September, einige auch ganzjährig geöffnet. *Polnischer Campingverband*

(Polska Federacja Campingu i Caravaningu, PFCC) | Tel. 22 810 60 50 | www.pfcc.eu

DIPLOMATISCHE VERTRETUNGEN

BOTSCHAFT DER BUNDESREPUBLIK DEUTSCHLAND
ul. Jazdów 12 | 00-467 Warszawa | Tel. 2 25 84 17 00 | www.warschau.diplo.de

BOTSCHAFT DER REPUBLIK ÖSTERREICH
ul. Gagarina 34 | 00-748 Warszawa | Tel. 2 28 41 00 81 | www.bmeia.gv.at/warschau

BOTSCHAFT DER SCHWEIZ
Aleje Ujazdowskie 27 | 00-540 Warszawa | Tel. 2 26 28 04 81 | www.eda.admin.ch/warsaw

EINTRITTSPREISE

Die Eintrittspreise für Museen, Ausstellungen, Schlösser, Kirchen etc. liegen zwischen 4 und 40 Zł. (also zwischen 1 und 10 Euro). Der teuerste Eintritt ist der in das Bergwerk Wieliczka mit 80 Zł. Eine Opernkarte kostet ab 30 Zł., eine Konzertkarte ab 20 Zł., eine Kinokarte ab 12 Zł. In vielen Museen ist **INSIDER TIPP** an einem Tag in der Woche der Eintritt frei.

GELD & WÄHRUNG

Der Złoty ist frei konvertierbar, der Wechselkurs ändert sich, meistens geringfügig, täglich. Den günstigsten Tageskurs bekommt man bar in einer Wechselstube (kantor). Während es in den Zentren größerer Städte viele Wechselstuben gibt, sind diese auf dem Land rar. Auch lohnt ein Preisvergleich: In Wechselstuben an Flughäfen und in Hotels ist der Kurs erfahrungsgemäß schlechter. Wenn Sie lieber mit der EC-Karte Geld am Automaten ziehen, erkundigen Sie sich nach der Höhe der Gebühren. Ein Tipp: am Automaten keine Euro-Abrechnung wählen, da ein ungünstiger Kurs zugrundegelegt wird! Bei bestimmten Banken ist eine bestimmte Anzahl von Auslandsabhebungen kostenfrei. Den aktuellen Umtauschkurs erfahren Sie im Internet z.B. unter www.oanda.com. In Hotels, Restaurants und vielen Geschäften kann man problemlos mit EC- oder z. B. Visa-Karte bezahlen. Möchten Sie mit Euro zahlen, dann werden Münzen nur ungern entgegengenommen, auch polnische Banken tauschen nur Scheine in Złoty.

GESUNDHEIT

In allen größeren Städten gibt es Krankenhäuser und Ambulanzen. Deutsche Krankenkassen übernehmen im Krankheitsfall die Kosten, wenn Sie sich die Europäische Versicherungskarte EHIC (kostenlos) besorgen. Inzwischen sind in den größeren Städten auch große private Praxen wie Damian, Medicover oder LuxMed zu finden. In der Regel bieten diese ein wesentlich schnellere und auch bessere Behandlung, die allerdings bar bezahlt werden muss. Zudem sprechen die meisten Ärzte dort Englisch. Oft wird auch diese Behandlung von der Krankenkassen zu Hause übernommen.
Die Apotheken in allen größeren Städten sind mit allen Arzneimitteln gut ausgestattet und haben in der Regel die ganze Woche geöffnet.

HOTELS

Rund 1000 Hotels bieten ihre Dienste an, fast die Hälfte davon ist in die (internationale) 3-Sterne-Kategorie eingeordnet.

PRAKTISCHE HINWEISE

In den meisten Hotels spricht man an der Rezeption Englisch und/oder Deutsch. In den Großstädten ist das Preisniveau guter Hotels mit dem westlichen vergleichbar, auf dem Land ist es etwas preiswerter. *www.hrs.com | www.hotel.pl | www.orbis.pl | www.polhotels.com*

INTERNETCAFÉS & WLAN

In allen großen Städten und den meisten kleineren gibt es Internetcafés. Die Preise liegen bei 4–10 Zł., also 1–2,50 Euro, pro Stunde.

Manchmal stellen Touristeninformationen ihren Gästen Internetcomputer zur Verfügung (z.B. in Danzig). Hotspots sind weit verbreitet. In touristisch interessanten Orten wurden meist auf Marktplätzen Hotspots eingerichtet. Weitere Infos finden Sie z.B. unter *www.hotspotlocations.de*.

In fast allen Unterkünften gibt es mittlerweile Internetzugang, wahlweise mit zur Verfügung gestelltem Kabel oder per WLAN. Eine gute Nachricht: Polens Hotels bieten diesen Service heute in der Regel kostenlos und sind damit in Europa einsame Spitze! Auch bei preiswerten Hostels gehört es zur Philosphie, WLAN gratis anzubieten.

JUGENDHERBERGEN

Es gibt fast 150 ganzjährig geöffnete Jugendherbergen in Polen, weitere 300 öffnen im Sommer. *Polnisches Jugendherbergswerk (PTSM | www.ptsm.org.pl)*. Im Sommer verwandeln sich viele *Studentenheime* in Danzig, Krakau, Warschau, Posen und Breslau in Unterkünfte. Adressen in den Touristeninformationen der Städte, auf den Internetseiten der Universitäten und bei der Firma *Hostel Service Sp. J.* unter der Marke „Dizzy Daisy": *www.hostel.pl*

MIETWAGEN

An Flughäfen und in Großstädten sind internationale und kleinere Autovermieter vertreten, z. B. *Auto Tex (www.autotex.com.pl)*, *Avis (www.avis.pl)*, *Hertz (www.hertz.com.pl)*, *National Car Rental (www.nationalcar.com.pl)*, *Sixt (www.sixt.pl)*. Ein Kleinwagen für ein Wochenende im August kostet z. B. ab 190 Euro.

NOTRUFE

Ambulanz *Tel. 999,* Feuerwehr *Tel. 998,* Polizei *Tel. 997,* Pannenhilfe *Tel. 981* Vom Handy erreicht man mit *112* den

WÄHRUNGSRECHNER

€	PLN	PLN	€
1	4,18	1	0,24
3	12,54	5	1,20
5	20,90	20	4,86
7	29,26	30	7,29
10	41,80	70	17,00
25	104,50	150	36,45
40	167,20	250	60,75
90	376,20	600	145,80
150	627,00	900	218,70

allgemeinen Notruf. Vom 1. Juli bis 30. September ist auch die Notrufhotline für Touristen täglich 10–22 Uhr besetzt: Aus dem polnischen Festnetz ist sie gebührenfrei *(Tel. 0800 200 300),* mit dem eigenen Handy fallen normale Verbindungsgebühren an *(Mobiltel. 0048 6 08 59 99 99)*.

ÖFFENTLICHE VERKEHRSMITTEL

Die bevorzugten öffentlichen Verkehrsmittel sind in Polen Bus und Bahn.

Während sogenannte Personen- und Schnellzüge *(osobowy/pośpieszny)* sehr günstig, aber langsam sind, sind die etwas schnelleren, zwischen den großen Städten verkehrenden Intercitys vergleichsweise teuer; auch sind sie reservierungspflichtig. Neben den regulären gibt es zahlreiche Sondertarife: Erkundigen Sie sich nach den preiswerten Weekend- bzw. Familientickets! Auf dem Bahnhof *(dworzec PKP)* werden die Abfahrtszeiten auf gelben Tafeln *(odjazdy)* angezeigt; die Ankunftszeiten *(przyjazdy)* sind auf weißen Tafeln angegeben.

Das polnische Busnetz ist gut ausgebaut. Meist befinden sich die Bus-Terminals *(dworzec PKS)* in unmittelbarer Nachbarschaft der Hauptbahnhöfe. Die Tickets kauft man entweder im Voraus an der Kasse oder direkt beim Busfahrer. Neben der staatlichen Busgesellschaft PKS gibt es zahlreiche private Anbieter, die entweder günstigere Preise oder – bei gleichem Preis – komfortablere Busse einsetzen.

ÖFFNUNGSZEITEN

Einzelhändler haben Mo–Fr 11–19 und Sa 11–14 Uhr geöffnet. Größere Kaufhäuser sind in der Regel sieben Tage die Woche 10–20 Uhr geöffnet. Lebensmittelläden öffnen bereits zwischen 6 und 8 Uhr, manche sind rund um die Uhr offen. Behörden und Banken sind in der Regel 8–17 Uhr, Postämter 8–16 Uhr geöffnet, zum Teil auch länger. Restaurants kennen normalerweise keinen Ruhetag.

POST

Briefe und Postkarten innerhalb Europas kosten 5 Zł., Eilzustellungen *(Prioritaire)* z. B. nach Deutschland 16 Zł. In der Regel

WETTER IN WARSCHAU

	Jan.	Feb.	März	April	Mai	Juni	Juli	Aug.	Sept.	Okt.	Nov.	Dez.
Tagestemperaturen in °C	–1	0	5	13	19	23	24	23	19	13	6	2
Nachttemperaturen in °C	–6	–6	–2	3	9	12	14	13	10	5	1	–3
Sonnenschein Stunden/Tag	1	2	4	5	6	8	7	7	6	4	1	1
Niederschlag Tage/Monat	9	8	6	7	10	8	12	9	8	6	8	11

braucht die Eilzustellung nach Deutschland vier Tage, die normale bis zu zehn Tage.

SCHIFFSTOUREN

Ausflugsfahrten nach Polen veranstaltet die Reederei der Adler-Schiffe *(Tel. 0465198700 | www.adlerschiffe.de)*. Buchbar sind die reinen Überfahrten sowie zusätzliche Busrundfahrten mit deutschsprachiger Reiseleitung. Folgende Verbindungen werden regelmäßig angeboten: tgl. zwischen Bansin, Ahlbeck und Heringsdorf auf Usedom und Międzyzdroje auf Wollin mit Umsteigen in Świnoujście (Swinemünde) sowie zwischen Altwarp auf Usedom und Nowe Warpno (Neuwarp) mit Bustransfer nach Szczecin (Stettin).

Im Angebot sind ebenfalls verschiedene Flusskreuzfahrten in Polen, darunter z.B. die Flusskreuzfahrt Berlin–Stettin über Havel und Oder: *www.sternundkreis.de.* Für Schiffsausflüge auf der Ostsee: *www.zegluga.com.pl*

TAXI

Taxifahren ist in Polen immer noch relativ preiswert. Nehmen Sie aber nur Wagen mit Telefonnummer auf dem Dach und einem funktionierenden Taxameter. Leuchtet die Nummer, ist das Taxi frei. Die Startgebühr sind 6 Zł. Der Preis für jeden gefahrenen Kilometer ist bei regulären Taxis an der Seitenscheibe angezeigt. Pro Kilometer kommen zum Startpreis 2–3 Zł. hinzu. Nachttarife liegen etwa 50 Prozent darüber. Unter *www.tanieta xi.pl* („Taxi preiswert") können Sie sich in der Rubrik *Kalkulator* bei Angabe des Abfahrts- und Ankunftsorts den exakten Fahrpreis ausrechnen lassen. Unbedingt ablehnen sollten sie Angebote von Privatpersonen, die an Flughäfen und Bahnhöfen häufig versuchen, Touristen zu übervorteilen. Sie bezahlen in der Regel dann den doppelten oder dreifachen Preis.

TELEFON & HANDY

Telefonkarten für Automaten mit 25, 50 oder 100 Gesprächseinheiten sind in Kiosken und bei der Post erhältlich. Die ehemalige Ortsvorwahl ist inzwischen in die Anschlussnummer integriert worden; so wählt man nun bei allen Orts- und Ferngesprächen innerhalb Polens erst die alte Vorwahl (z. B. für Krakau 12), dann die 7-stellige Anschlussnummer. Bei Gesprächen ins Ausland gelten die internationalen Vorwahlnummern (Polen 0048, Deutschland 0049, Österreich 0043, Schweiz 0041). Telefonauskunft für Orts- und Fernverbindungen: *Tel. 118913.*

Handys wählen sich automatisch in ein polnisches Netz ein. Bei Gesprächen vom Festnetz zu einem Handy muss vor die Nummer eine „0" gewählt werden. Der Normaltarif für Gespräche in Polen hängt vom Netzbetreiber ab, liegt aber bei 0,50 bis 0,80 Euro/Min., von Polen nach Deutschland bei knapp unter einem Euro.

ZOLL

Mit dem EU-Beitritt sind Zollkontrollen weggefallen. Man kann Waren für den privaten Gebrauch frei ein- und ausführen, es gelten die EU-Zollbestimmungen. Es gelten nun die Regeln des europäischen Binnenmarkts; z. B. dürfen 800 Zigaretten oder 110 l Bier ausgeführt werden. Für Antiquitäten, die vor Mai 1945 hergestellt wurden, braucht man allerdings eine Genehmigung des Denkmalkonservators der jeweiligen Woiwodschaft. *www.zoll.de*

SPRACHFÜHRER POLNISCH

AUSSPRACHE

Im Polnischen werden Sätze oft in Abhängigkeit vom Geschlecht des Sprechers/der Sprecherin bzw. des/der Angesprochenen gebildet. In diesem Sprachführer gibt es daher in einigen Fällen zwei Varianten. Die jeweils erste ist die männliche, die zweite die weibliche Form.

AUF EINEN BLICK

ja/nein/vielleicht	tak (tak)/nie (njä)/może (moschä)
Bitte./Danke.	Proszę. (Proschän)/Dziękuję. (Dschänkujä)
Entschuldigung!	Przepraszam! (Pschäprascham)
Darf ich ...?	Czy mogę ...? (Tschi mogä...?)
Wie bitte?	Słucham? (Suucham?)
Ich möchte .../Haben Sie ...?	Chciałbym/Chciałabym .../Czy ma pan/pani ...? (Chtschaubim/chtschauabim .../Tschi ma pan/panji ...?)
Wie viel kostet ...?	Ile kosztuje ...? (Ilä to koschtujä ...?)
Das gefällt mir (nicht).	To mi się (nie) podoba. (To mi schän (njä) podobba)
gut/schlecht	dobrze/źle (dobsche/schle)
kaputt/funktioniert nicht	rozbity/nie działa (rosbieti/njä dsiaua)
zu viel/viel/wenig	za dużo/dużo/mało (sa duscho/duscho/mawo)
alles/nichts	wszystko/nic (wschistko/niez)
Hilfe!/Achtung!/Vorsicht!	Ratunku!/Uwaga!/Ostrożnie! (Ratunnku!/Uwaga!/Ostroschnijä!)
Krankenwagen	karetka pogotowia (karätka pogotowija)
Polizei/Feuerwehr	policja/straż pożarna (policija/strasch poscharna)
Gefahr/gefährlich	niebezpieczeństwo/niebezpieczny (njäbjespietschenstwo/njäbjespietschni)

BEGRÜSSUNG UND ABSCHIED

Guten Morgen!/Tag!	Dzień dobry! (Dsijänj dobbri!)
Gute(n) Abend!/Nacht!	Dobry wieczór!/Dobranoc! (Dobbri wätschur!/Dobbranottz!)
Hallo!/Auf Wiedersehen!	Witam!/Do widzenia! (Witam!/Do widsenija!)
Tschüss!	Cześć! (Tschesch!) [informell]
Ich heiße ...	Nazywam się ... (Nasiwam schän ...)
Wie heißen Sie?	Jak pan/pani się nazywa? (Jak pan/panji schän nasiwa?)

Czy mówisz po polsku?

„Sprichst du Polnisch?" Dieser Sprachführer hilft Ihnen, die wichtigsten Wörter und Sätze auf Polnisch zu sagen

Wie heißt Du?	Jak się nazywasz? (Jak schän nasiwasch?)
Ich komme aus ...	Pochodzę z ... (Pochodsän s ...)

DATUMS- UND ZEITANGABEN

Montag/Dienstag	poniedziałek/wtorek (ponjädsiawek/wtorrek)
Mittwoch/Donnerstag	środa/czwartek (schrodda/tschwartekk)
Freitag/Samstag	piątek/sobota (pijontekk/sobotta)
Sonntag/Werktag	niedziela/dzień roboczy (nijädsijäla/dsijänj robottschi)
Feiertag	dzień świąteczny (dsijänj swijontätschni)
heute/morgen/gestern	dziś/jutro/wczoraj (dsisj/jutro/wtschorai)
Stunde/Minute	godzina/minuta (goddsina/minuta)
Tag/Nacht/Woche	dzień/noc/tydzień (dsijänj/notts/tidsijänj)
Wie viel Uhr ist es?	Która godzina? (Ktura goddsina?)

UNTERWEGS

offen/geschlossen	otwarte/zamknięte (ottwarte/sammknijänte)
Eingang/Ausgang	wejście/wyjście (wejszijä/wijsjzijä)
Abfahrt/Ankunft	odjazd/przyjazd (oddjasd/pschijasd)
Toiletten/Damen/Herren	toaleta damska/toaleta męska (toaletta damska/mijänska)
(kein) Trinkwasser	Woda nie zdatna do picia/Woda pitna (Woda sdatna do pidija/Woda pitna)
Wo ist ...?/Wo sind ...?	Gdzie jest ...?/Gdzie są ...? (Gdsiä jäst ...?/Gdsiä song ...?)
links/rechts	na lewo/na prawo (na läwo/naprawo)
geradeaus/zurück	prosto/spowrotem (prossto/spawrottem)
nah/weit	blisko/daleko (blisko/daläko)
Bus/Straßenbahn	autobus/tramwaj (autobus/tramwaij)
U-Bahn/Taxi	metro/taxi (metro/taxi)
Stadtplan/(Land-)Karte	mapa miasta/mapa (mapa mijasta/mapa)
Bahnhof/	dworzec/lotnisko (dwaschez/lottnisko)
Fahrplan/Fahrschein	rozkład jazdy/bilet (roskwad jasdi/biljet)
Zug/Gleis	pociąg/tor (potschong/tor)
Bahnsteig	peron (päron)
Ich möchte ... mieten.	Chciałbym/Chciałabym wynająć ... (Chtschaubim/Chtschauabim winajonz ...)
ein Auto/ein Fahrrad	samochód/rower (sammachod/rower)
Tankstelle	stacja benzynowa (stacja besinowa)
Benzin/Diesel	benzyna/ropy (bensina/roppi)
Panne/(Auto-)Werkstatt	awaria/warsztat (awarija/warschtatt)

ESSEN UND TRINKEN

Reservieren Sie uns bitte für heute Abend einen Tisch für vier Personen.	Proszę zarezerwować dla nas na dziś wieczór jeden stolik dla czterech osób. (Proschän saräsärwowwatsch dla nas na dsisch wjätschur stollik na tschtäri ossobbi)
Die Speisekarte, bitte.	Czy mogę prosić kartę? (tschi moschä prossiz kartän?)
Könnte ich bitte ... haben?	Chciałbym/chciałabym ...? (Chtschaubim/Chtschauabim?)
Vegetarier(in)/Allergie	wegetarianin/wegetarianka/alergia (wegetarijanin/wegetarijanka/allergija)
Ich möchte zahlen, bitte.	Proszę o rachunek! (Proschän o rachunek!)

EINKAUFEN

Wo finde ich ...?	Przepraszam, gdzie jest ...? (Pschäprascham, gsiä jäst ...?)
Ich möchte .../Ich suche ...	Chciałbym/Chciałabym ... (Chtschaubim/Chtschauabim ...)
Apotheke/Drogerie	apteka/drogeria (apptjäka/drogerija)
Einkaufszentrum	centrum handlowe (zentrum handlowä)
Kiosk	kiosk (kiosk)
teuer/billig/Preis	drogo/tanio/cena (droga/tannio/zjäna)
mehr/weniger	więcej/mniej (wijänzej/mnijänj)
aus biologischem Anbau	produkt ekologiczny (pradukt äkologitschni)

ÜBERNACHTEN

Ich habe ein Zimmer reserviert.	Zarezerwowałem/zarezerwowałam pokój. (Saräsärwowwawem/Ssaräsärwowwawam pockuj)
Haben Sie noch ...?	Czy ma pan/pani jeszcze ...? (Tschi ma pan/panji jäschtschä ...?)
Einzelzimmer	pokój jednoosobowy (pockuj jädnoossobbowi)
Doppelzimmer	pokój dwuosobowy (pockuj dwuossobbowi)
mit Frühstück/ Halbpension	ze śniadaniem/ze śniadaniem i kolacją (sä schnjadanjäm/sä schnjadanjäm i kolladzjon)
Vollpension	z pełnym wyżywieniem (s peunim wisiwijäniäm)
nach vorne	od frontu (odd frontu)
Dusche/Bad	prysznic/łazienka (prischnjiz/uasiänka)
Balkon/Terrasse	balkon/taras (balkon/taras)
Schlüssel/Zimmerkarte	klucz/karta (klutsch/karta)
Gepäck/Koffer/Tasche	bagaż/walizka/torba (bagasch/waliska/torba)

BANKEN UND GELD

Bank/Geldautomat	bank/bankomat (bank/bankomat)
Geheimzahl	kod PIN (kod PIN)

Ich möchte ... Euro wechseln.	Chciałbym/Chciałabym wymienić ... Euro. (Chtschaubim/Chtschauabim wimänjitsch ... Euro)
bar/ec-Karte/Kreditkarte	gotówka/karta płatnicza/karta kredytowa (gatuwka/karta puatnitscha/karta kreditowwa)
Banknote/Münze	banknot/moneta (banknot/moneta)

GESUNDHEIT

Arzt/Zahnarzt/Kinderarzt	lekarz/dentysta/pediatra (läkasch/dentista/pädiatra)
Krankenhaus/Notfall-praxis	szpital/pogotowie (schpital/pogotowwijä)
Fieber/Schmerzen	gorączka/ból (gorontschka/bul)
Durchfall/Übelkeit	rozwolnienie/nudności (roswolniäniä/nudnusjzi)
Schmerzmittel/Tablette	środek przeciwbólowy/tabletka (sroddeck pschäziwbulowi/tablättka)

TELEKOMMUNIKATION & MEDIEN

Briefmarke/Brief	znaczek pocztowy/list (snatschek potschtowi/list)
Postkarte	pocztówka (potschtuwwka)
Ich brauche eine Telefonkarte fürs Festnetz.	Potrzebna mi karta telefoniczna do telefonu domowego. (Potschebna mi karta telefonitschna do telefonu domowjägo)
Ich suche eine Prepaidkarte für mein Handy.	Szukam karty startowej do telefonu komórkowego. (schukam karti startowej do telefonu komurkowägo)
Wo finde ich einen Internetzugang?	Gdzie znajdę dojście do internetu? (Gdsä snajdjän dojszijä do internetu?)
Steckdose/Ladegerät	kontakt/ładowarka (kontakt/uadowarka)
Computer/Batterie	computer/bateria (komputer/baterija)
Internetanschluss/WLAN	dojście do internetu (dojszä do internetu)/bezprzewodowy dostęp do internetu (bjespschäwodowi dostän do internätu)

ZAHLEN

0	zero (säro)	10	dziesięć (dsiäschänjtsch)
1	jeden (jädän)	11	jedenaście (jädännaschtchiä)
2	dwa (dwa)	12	dwanaście (dwanaschtchiä)
3	trzy (tschi)	20	dwadzieścia (dwadsiäschzia)
4	cztery (tschtäri)	50	pięćdziesiąt (pänjtschdsiäsjont)
5	pięć (pänjtsch)	70	siedemdziesiąt (schädämdsiäsjont)
6	sześć (schäschtsch)	100	sto (sto)
7	siedem (schädäm)	1000	tysiąc (tischonz)
8	osiem (oschäm)	1/2	jedna druga (jädna druga)
9	dziewięć (dsiäwänjtsch)	1/4	jedna czwarta (jädna tschwarta)

EIGENE NOTIZEN

REISEATLAS

Die grüne Linie ▬▬ zeichnet den Verlauf der Ausflüge & Touren nach
Die blaue Linie ▬▬ zeichnet den Verlauf der Perfekten Route nach

**Der Gesamtverlauf aller Touren ist auch in
der herausnehmbaren Faltkarte eingetragen**

Bild: Zugefrorener Gebirgssee „Meerauge" (Morskie Oko) in der Tatra

Unterwegs in Polen

Die Seiteneinteilung für den Reiseatlas finden Sie
auf dem hinteren Umschlag dieses Reiseführers

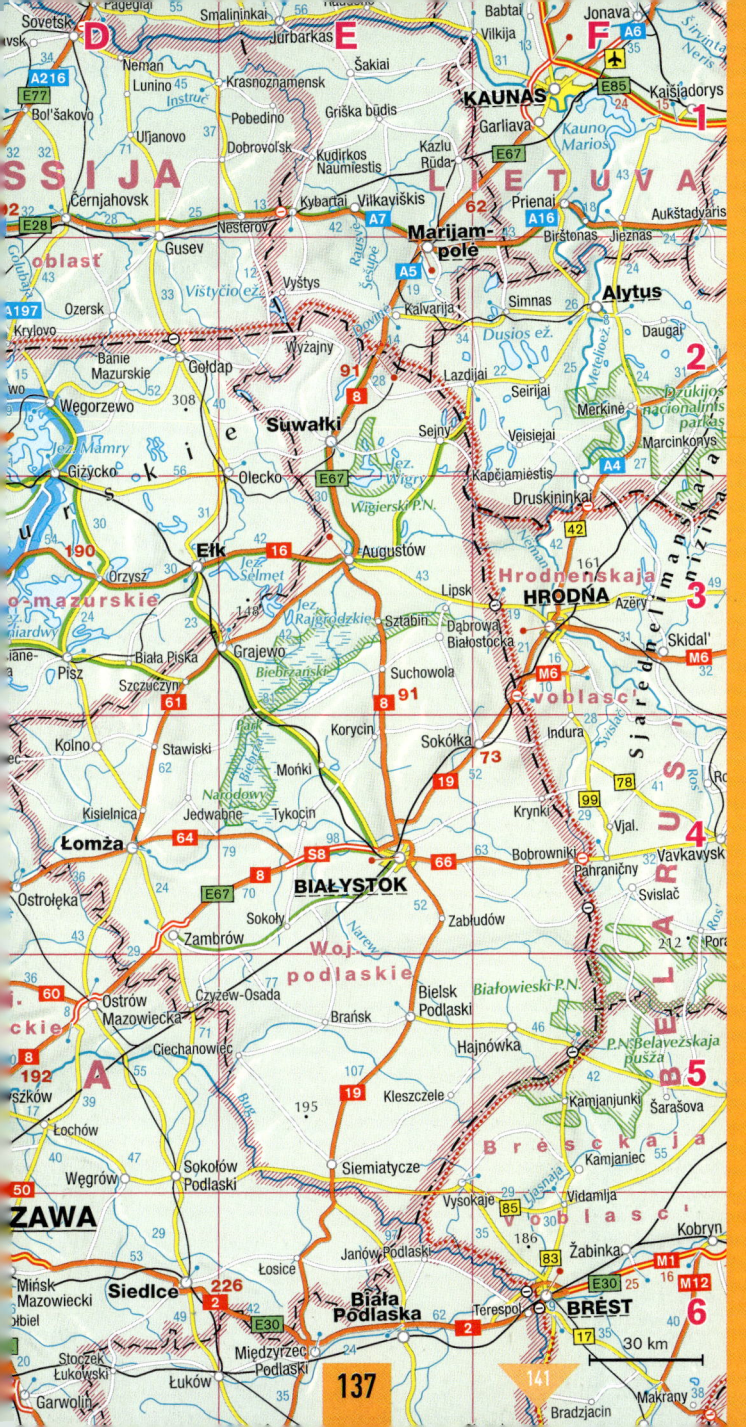

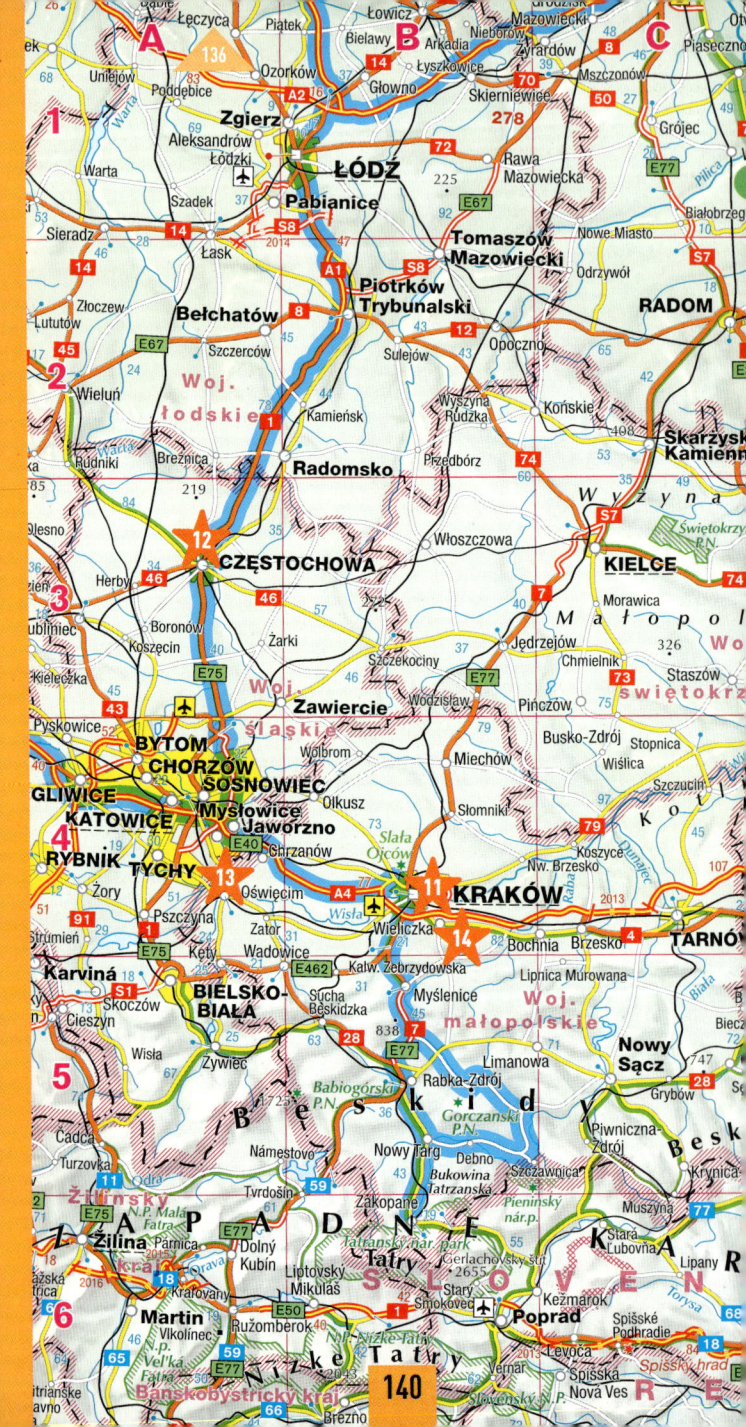

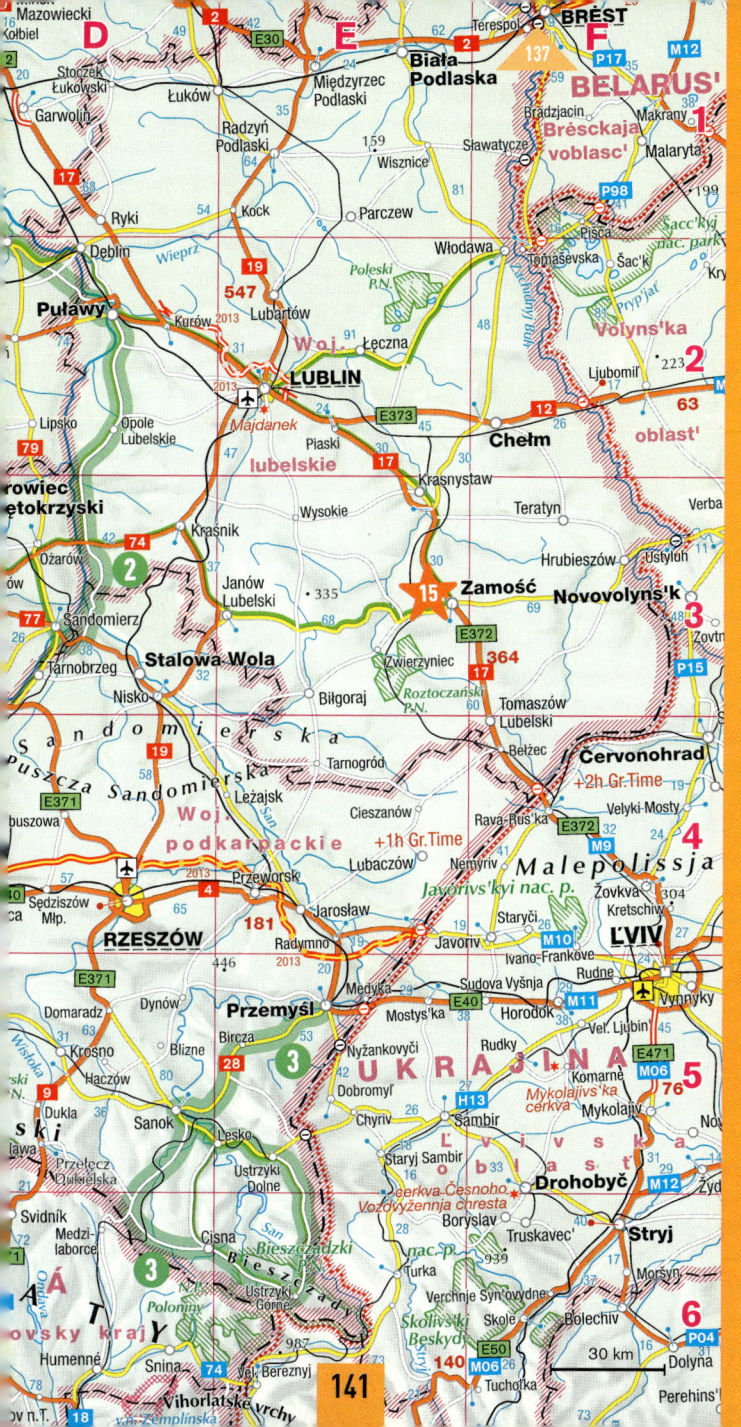

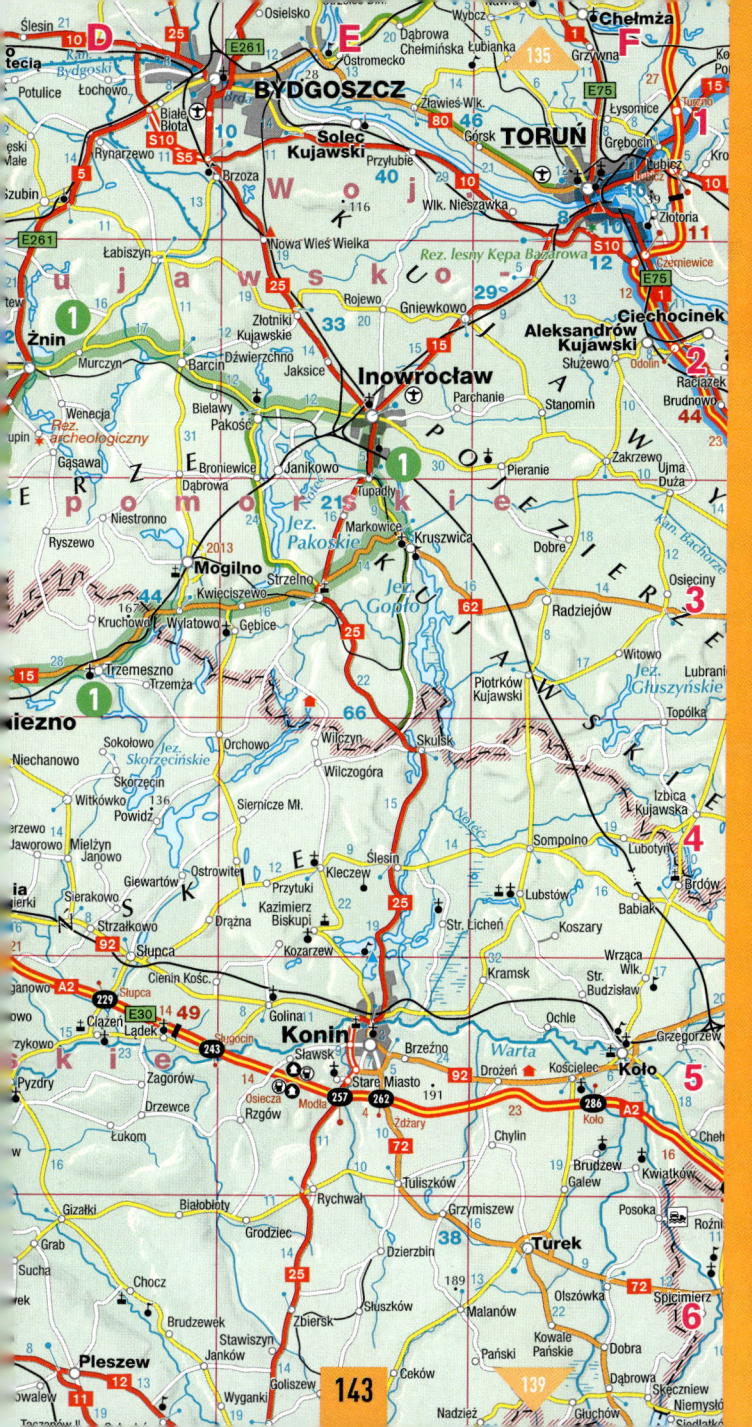

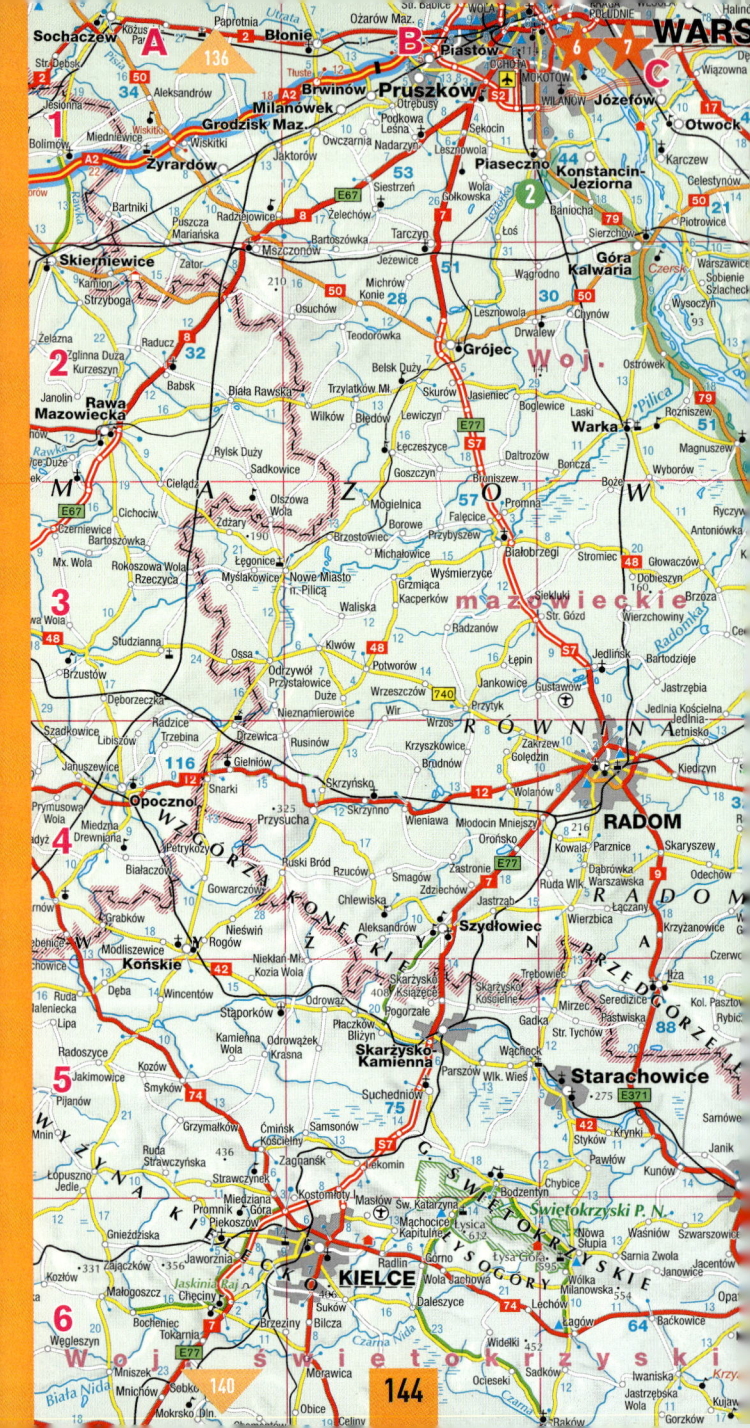

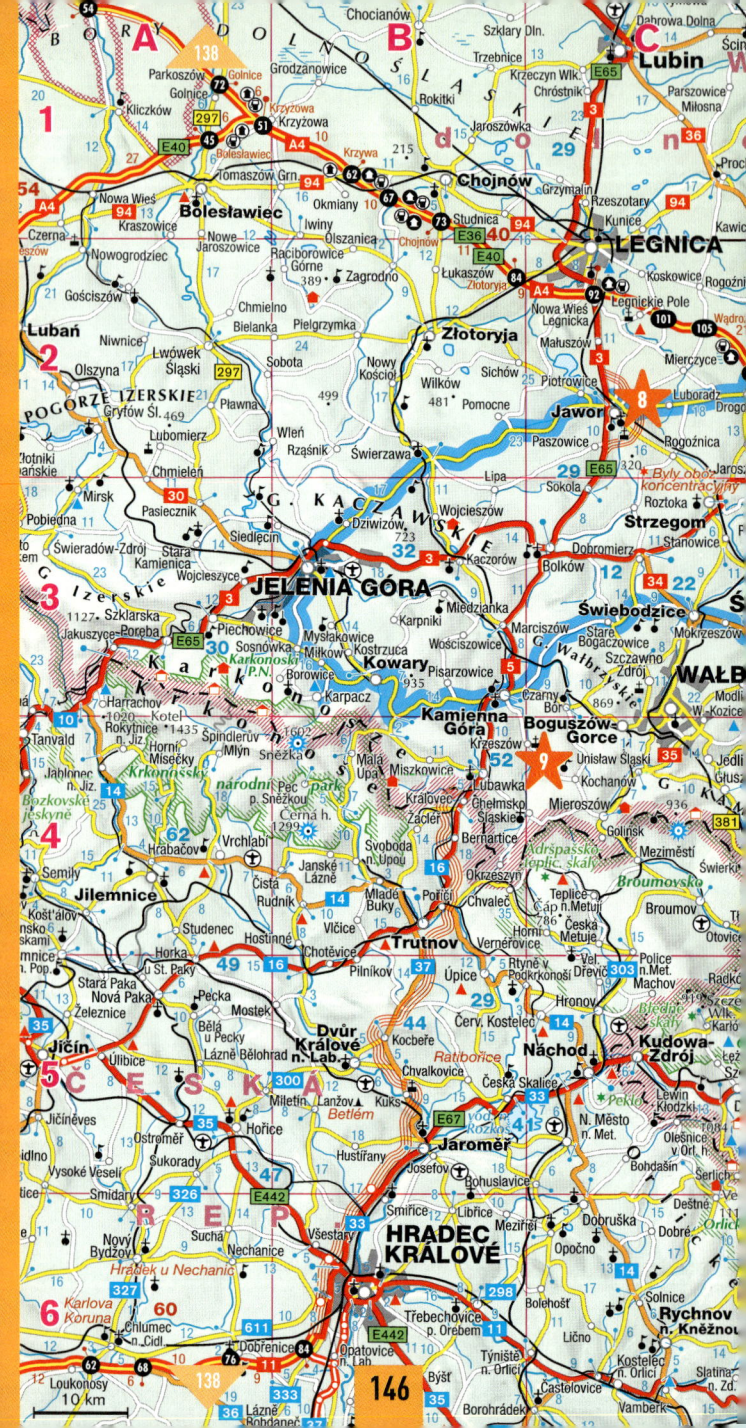

KARTENLEGENDE

Autobahn, mehrspurige Straße - in Bau Highway, multilane divided road - under construction	Autoroute, route à plusieurs voies - en construction Autosnelweg, weg met meer rijstroken - in aanleg
Fernverkehrsstraße - in Bau Trunk road - under construction	Route à grande circulation - en construction Weg voor interlokaal verkeer - in aanleg
Hauptstraße Principal highway	Route principale Hoofdweg
Nebenstraße Secondary road	Route secondaire Overige verharde wegen
Fahrweg, Piste Practicable road, track	Chemin carrossable, piste Weg, piste
Straßennummerierung Road numbering	Numérotage des routes Wegnummering
Entfernungen in Kilometer Distances in kilometers	Distances en kilomètres Afstand in kilometers
Höhe in Meter - Pass Height in meters - Pass	Altitude en mètres - Col Hoogte in meters - Pas
Eisenbahn - Eisenbahnfähre Railway - Railway ferry	Chemin de fer - Ferry-boat Spoorweg - Spoorpont
Autofähre - Schifffahrtslinie Car ferry - Shipping route	Bac autos - Ligne maritime Autoveer - Scheepvaartlijn
Wichtiger internationaler Flughafen - Flughafen Major international airport - Airport	Aéroport importante international - Aéroport Belangrijke internationale luchthaven - Luchthaven
Internationale Grenze - Provinzgrenze International boundary - Province boundary	Frontière internationale - Limite de Province Internationale grens - Provinciale grens
Unbestimmte Grenze Undefined boundary	Frontière d'Etat non définie Rijksgrens onbepaalt
Zeitzonengrenze Time zone boundary	Limite de fuseau horaire Tijdzone-grens
Hauptstadt eines souveränen Staates National capital	Capitale nationale Hoofdstad van een souvereine staat
Hauptstadt eines Bundesstaates Federal capital	Capitale d'un état fédéral Hoofdstad van een deelstat
Sperrgebiet Restricted area	Zone interdite Verboden gebied
Nationalpark National park	Parc national Nationaal park
Antikes Baudenkmal Ancient monument	Monument antiques Antiek monument
Sehenswertes Kulturdenkmal Interesting cultural monument	Monument culturel interéssant Bezienswaardig cultuurmonument
Sehenswertes Naturdenkmal Interesting natural monument	Monument naturel interéssant Bezienswaardig natuurmonument
Brunnen Well	Puits Bron
Ausflüge & Touren Trips & Tours	Excursions & tours Uitstapjes & tours
Perfekte Route Perfect route	Itinéraire idéal Perfecte route
MARCO POLO Highlight	MARCO POLO Highlight

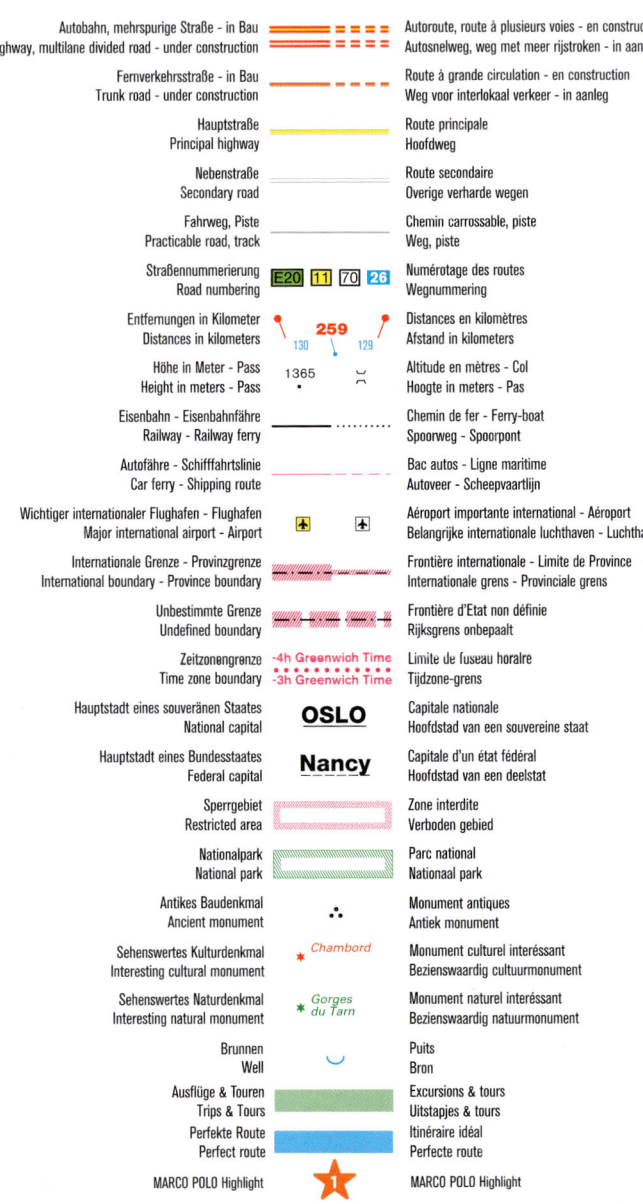

FÜR IHRE NÄCHSTE REISE ...

ALLE **MARCO POLO** REISEFÜHRER

DEUTSCHLAND

Allgäu
Bayerischer Wald
Berlin
Bodensee
Chiemgau/
    Berchtesgadener
    Land
Dresden/
    Sächsische
    Schweiz
Düsseldorf
Eifel
Erzgebirge/
    Vogtland
Föhr/Amrum
Franken
Frankfurt
Hamburg
Harz
Heidelberg
Köln
Lausitz/
    Spreewald/
    Zittauer Gebirge
Leipzig
Lüneburger Heide/
    Wendland
Mecklenburgische
    Seenplatte
Mosel
München
Nordseeküste
    Schleswig-
    Holstein
Oberbayern
Ostfriesische Inseln
Ostfriesland/
    Nordseeküste
    Niedersachsen/
    Helgoland
Ostseeküste
    Mecklenburg-
    Vorpommern
Ostseeküste
    Schleswig-
    Holstein
Pfalz
Potsdam
Rheingau/
    Wiesbaden
Rügen/Hiddensee/
    Stralsund
Ruhrgebiet
Sauerland
Schwarzwald
Stuttgart
Sylt
Thüringen
Usedom
Weimar

ÖSTERREICH SCHWEIZ

Berner Oberland/
    Bern
Kärnten
Österreich
Salzburger Land
Schweiz

Steiermark
Tessin
Tirol
Wien
Zürich

FRANKREICH

Bretagne
Burgund
Côte d'Azur/
    Monaco
Elsass
Frankreich
Französische
    Atlantikküste
Korsika
Languedoc-
    Roussillon
Loire-Tal
Nizza/Antibes/
    Cannes/Monaco
Normandie
Paris
Provence

ITALIEN MALTA

Apulien
Dolomiten
Elba/Toskanischer
    Archipel
Emilia-Romagna
Florenz
Gardasee
Golf von Neapel
Ischia
Italien
Italienische Adria
Italien Nord
Italien Süd
Kalabrien
Ligurien/Cinque
    Terre
Mailand/
    Lombardei
Malta/Gozo
Oberital. Seen
Piemont/Turin
Rom
Sardinien
Sizilien/Liparische
    Inseln
Südtirol
Toskana
Umbrien
Venedig
Venetien/Friaul

SPANIEN PORTUGAL

Algarve
Andalusien
Barcelona
Baskenland/
    Bilbao
Costa Blanca
Costa Brava
Costa del Sol/
    Granada

Fuerteventura
Gran Canaria
Ibiza/Formentera
Jakobsweg/
    Spanien
La Gomera/
    El Hierro
Lanzarote
La Palma
Lissabon
Madeira
Madrid
Mallorca
Menorca
Portugal
Spanien
Teneriffa

NORDEUROPA

Bornholm
Dänemark
Finnland
Island
Kopenhagen
Norwegen
Oslo
Schweden
Stockholm
Südschweden

WESTEUROPA BENELUX

Amsterdam
Brüssel
Cornwall und
    Südengland
Dublin
Edinburgh
England
Flandern
Irland
Kanalinseln
London
Luxemburg
Niederlande
Niederländische
    Küste
Schottland

OSTEUROPA

Baltikum
Budapest
Danzig
Krakau
Masurische Seen
Moskau
Plattensee
Polen
Polnische
    Ostseeküste/
    Danzig
Prag
Slowakei
St. Petersburg
Tallinn
Tschechien
Ukraine
Ungarn
Warschau

SÜDOSTEUROPA

Bulgarien
Bulgarische
    Schwarzmeer-
    küste
Kroatische Küste/
    Dalmatien
Kroatische Küste/
    Istrien/Kvarner
Montenegro
Rumänien
Slowenien

GRIECHENLAND TÜRKEI ZYPERN

Athen
Chalkidiki/
    Thessaloniki
Griechenland
    Festland
Griechische Inseln/
    Ägäis
Istanbul
Korfu
Kos
Kreta
Peloponnes
Rhodos
Samos
Santorin
Türkei
Türkische Südküste
Türkische Westküste
Zákinthos/Itháki/
    Kefaloniá/Léfkas
Zypern

NORDAMERIKA

Alaska
Chicago und
    die Großen Seen
Florida
Hawai`i
Kalifornien
Kanada
Kanada Ost
Kanada West
Las Vegas
Los Angeles
New York
San Francisco
USA
USA Ost
USA Südstaaten/
    New Orleans
USA Südwest
USA West
Washington D.C.

MITTEL- UND SÜDAMERIKA

Argentinien
Brasilien
Chile
Costa Rica
Dominikanische
    Republik

Jamaika
Karibik/
    Große Antillen
Karibik/
    Kleine Antillen
Kuba
Mexiko
Peru/Bolivien
Venezuela
Yucatán

AFRIKA UND VORDERER ORIENT

Ägypten
Djerba/
    Südtunesien
Dubai
Israel
Jordanien
Kapstadt/
    Wine Lands/
    Garden Route
Kapverdische
    Inseln
Kenia
Marokko
Namibia
Rotes Meer/Sinai
Südafrika
Tansania/
    Sansibar
Tunesien
Vereinigte
    Arabische
    Emirate

ASIEN

Bali/Lombok/Gilis
Bangkok
China
Hongkong/Macau
Indien
Indien/Der Süden
Japan
Kambodscha
Ko Samui/
    Ko Phangan
Krabi/Ko Phi Phi/
    Ko Lanta
Malaysia
Nepal
Peking
Philippinen
Phuket
Shanghai
Singapur
Sri Lanka
Thailand
Tokio
Vietnam

INDISCHER OZEAN UND PAZIFIK

Australien
Malediven
Mauritius
Neuseeland
Seychellen

Viele MARCO POLO Reiseführer gibt es auch als eBook – und es kommen ständig neue dazu!
Checken Sie das aktuelle Angebot einfach auf: www.marcopolo.de/e-books

REGISTER

In diesem Register sind alle im Reiseführer erwähnten Orte und Ausflugsziele sowie einige wichtige Namen aufgeführt. Gefettete Seitenzahlen verweisen auf den Haupteintrag.

IMPRESSUM

SCHREIBEN SIE UNS!

Egal, was Ihnen Tolles im Urlaub begegnet oder Ihnen auf der Seele brennt, lassen Sie es uns wissen! Ob Lob, Kritik oder Ihr ganz persönlicher Tipp – die MARCO POLO Redaktion freut sich auf Ihre Infos.
Wir setzen alles dran, Ihnen möglichst aktuelle Informationen mit auf die Reise zu geben. Dennoch schleichen sich manchmal Fehler ein – trotz gründlicher Recherche unserer Autoren/innen. Sie haben sicherlich Verständnis, dass der Verlag dafür keine Haftung übernehmen kann.

MARCO POLO Redaktion
MAIRDUMONT
Postfach 31 51
73751 Ostfildern
info@marcopolo.de

IMPRESSUM
Titelbild: Kraków, Nationaltracht (Look: age fotostock)
Fotos: Blow Up Hall 50 50 Hotel: Robert Mendel (17 u.); O. Bolch (22, 50, 56, 132/133); DuMont Bildarchiv: Hirth (40, 108/109, 112/113), Kalmár (43), Marczok (2 o., 4, 7, 30 l., 78, 84); © fotolia.com: PHB.cz (16 o.); R. Freyer (Klappe r., 10/11, 12/13, 18/19, 27, 28/29, 34, 36, 38/39, 45, 62, 72, 76, 93, 102/103, 118 u.); I. Gawin (1 u., 2 M.o., 6, 8, 9, 26 r.); Huber: Gräfenhain (81, 82), Gusso (86/87), PictureFinders (28), Schmid (3 M., 55, 60, 104/105); F. Ihlow (111); © iStockphoto.com: Mike Panic (16 u.); Laif: hemis.fr (101), hemis.fr (Borgese) (65), hemis.fr (Doelan) (90), hemis.fr (Moirenc) (52), Hoehn (29), Kristensen (15), Rodtmann (116/117), Roemers (97), Schwelle (69), TOP (26 l.), Westrich (Klappe l., 88, 119); Look: age fotostock (3 o., 58/59), Zarod (66/67); mauritius images: age (24/25), Bibikow (94), ib (Enters) (2 u., 48/49), Juice Images (3 u.), Seba (74/75), SuperStock (5, 71), Warburton-Lee (99); Orco Property Group (17 o.); Porto Praga: Dawid Rygielski (16 M.); T. Stankiewicz (30 r.); Transit-Archiv: Allner (106), Hirth (2 M.u., 20/21, 32/33, 46, 115, 116, 118 o.);

14., aktualisierte Auflage 2015
© MAIRDUMONT GmbH & Co. KG, Ostfildern
Chefredakteurin: Marion Zorn
Autoren: Julia Kramer, Janusz Tycner, Knut Krohn; Bearbeiterin: Izabella Gawin; Redaktion: Jochen Schürmann
Verlagsredaktion: Ann-Katrin Kutzner, Nikolai Michaelis, Kristin Schimpf, Martin Silbermann
Bildredaktion: Gabriele Forst, Barbara Mehrl; Im Trend: wunder media, München
Kartografie Reiseatlas: © MAIRDUMONT, Ostfildern; Kartografie Faltkarte: © MAIRDUMONT, Ostfildern
Innengestaltung: milchhof:atelier, Berlin; Titel, S. 1, Titel Faltkarte: factor product münchen
Sprachführer: in Zusammenarbeit mit Ernst Klett Sprachen GmbH, Stuttgart, Redaktion PONS Wörterbücher
Das Werk einschließlich aller seiner Teile ist urheberrechtlich geschützt.
Jede urheberrechtsrelevante Verwertung ist ohne Zustimmung des Verlags unzulässig und strafbar. Das gilt insbesondere für Vervielfältigungen, Übersetzungen, Nachahmungen, Mikroverfilmungen und die Einspeicherung und Verarbeitung in elektronischen Systemen.
Printed in China

MIX
Paper from responsible sources
FSC® C011918

BLOSS NICHT ☝

Auch in Polen gibt es einige Dinge, die Sie beachten sollten

UNANGEMESSEN GEKLEIDET SEIN

„Oben ohne" oder „ganz ohne" am Strand ist weder üblich noch gern gesehen. Für Freizügigkeiten dieser Art gibt es den einzigen offiziellen FKK-Strand bei Krynica Morska auf der Frischen Nehrung und einige allgemein bekannte „wilde" wie z. B. bei Dębki, Lubiewo und Chałupy auf der Halbinsel Hela. Generell herrscht in Polen eine recht konservative Kleiderordnung, die stark zwischen „offiziell" und „privat" unterscheidet und der Situation angemessen zu sein hat. Als taktlos empfindet man daher Besucher in Latschen und Shorts z. B. in Kirchen oder an Orten nationalen Gedenkens wie den ehemaligen Konzentrationslagern.

RÜCKSICHTS- UND RESPEKTLOS SEIN

Im Unterschied zu der westlichen, auf individuelle Freiheit ausgelegten Erziehung wird man in Polen angehalten, auf die Umgebung Rücksicht zu nehmen. Lautes und auffälliges Benehmen – ob lautstarkes Auftreten im Restaurant, wildes Fotografieren in Kirchen, Knutscherei an öffentlichen Plätzen – wird als unangenehm empfunden. Rücksicht üben sollten Sie auch im anderen Sinne: Auch wenn Ihnen der polnische Katholizismus mit dem Marienkult oder der Papstverehrung etwas seltsam vorkommt, machen Sie keine Witze, und zeigen Sie Respekt. Seien Sie auch mit allzu drastischen Kommentaren zur polnischen Politik oder Geschichte zurückhaltend.

HÖFLICHE MÄNNER FALSCH VERSTEHEN

Von klein auf werden polnische Jungen dazu erzogen, sich Frauen gegenüber galant und zuvorkommend zu verhalten. Der berühmte hingehauchte Handkuss, den frau sowohl von dem weltgewandten Städter als auch dem einfachsten Bauernjungen erhalten kann, ist das auffälligste Zeichen dafür. Sehen Sie das nicht als Angriff auf die Emanzipation oder gar als plumpe Anmache, auch nicht, wenn man Ihnen die Tür aufhält, den Koffer trägt, aus dem Mantel hilft – das ist in Polen selbstverständlich.

ZEBRASTREIFEN TRAUEN

Wenn Sie in Polen über die Straße gehen wollen und sich wartend an die Bordsteinkante stellen, dann werden Sie erleben, dass kein polnischer Autofahrer von Ihnen Notiz nehmen wird. Das muss er laut Straßenverkehrsordnung auch nicht. Erst wenn Sie sich bereits auf dem Übergang befinden, werden Autofahrer anhalten. Meistens jedenfalls. Also vertrauen Sie lieber keinem Zebrastreifen. Sind Sie als Autofahrer unterwegs, seien Sie bitte nicht höflich, und halten Sie nicht vor Zebrastreifen. Kein Einheimischer wird sich vom Fleck rühren, auch nicht, wenn Sie ihn mit freundlichen Gesten ermuntern. Spätestens wenn hinter Ihnen laut gehupt wird, sollten Sie Ihre Zuvorkommenheit aufgeben. Jedenfalls was Zebrastreifen betrifft.